The Plays of Plautus

AVLVLARIA – CAPTIVI
MENAECHMI

Titus Maccius Plautus

The Plays of Plautus
Copyright © JiaHu Books 2014
First Published in Great Britain in 2014 by Jiahu Books – part of Richardson-Prachai Solutions Ltd, 34 Egerton Gate, Milton Keynes, MK5 7HH
ISBN: 978-1-78435-004-8
Conditions of sale
All rights reserved. You must not circulate this book in any other binding or cover and you must impose the same condition on any acquirer.
A CIP catalogue record for this book is available from the British Library
Visit us at: jiahubooks.co.uk

AVLVLARIA	5
CAPTIVI	28
MENAECHMI	55

AVLVLARIA

PERSONAE

LAR FAMILIARIS PROLOGVS
EVCLIO SENEX
STAPHYLA ANVS
EVNOMIA MATRONA
MEGADORVS SENEX
PYTHODICVS SERVVS
CONGRIO COCUS
ANTHRAX COCUS
STROBILVS SERVVS
LYCONIDES ADVLESCENS
PHAEDRIA PVELLA
TIBICINAE

ARGVMENTVM I

Senex avarus vix sibi credens Euclio
domi suae defossam multis cum opibus
aulam invenit, rursumque penitus conditam
exanguis amens servat. eius filiam
Lyconides vitiarat. interea senex
Megadorus a sorore suasus ducere
uxorem avari gnatam deposcit sibi.
durus senex vix promittit, atque aulae timens
domo sublatam variis abstrudit locis.
insidias servos facit huius lyconidis
qui virginem vitiarat; atque ipse obsecrat
avonculum Megadorum sibimet cedere
uxorem amanti. per dolum mox Euclio
cum perdidisset aulam, insperato invenit
laetusque natam conlocat Lyconidi.

ARGVMENTVM II

Aulam repertam auri plenam Euclio
Vi summa servat, miseris adfectus modis.

Lyconides istius vitiat filiam.
Volt hanc Megadorus indotatam ducere,
Lubensque ut faciat dat coquos cum obsonio.
Auro formidat Euclio, abstrudit foris.
Re omni inspecta compressoris servolus
Id surpit. illic Euclioni rem refert.
Ab eo donatur auro, uxore et filio.

PROLOGVS

LAR FAMILIARIS
Ne quis miretur qui sim, paucis eloquar.
ego Lar sum familiaris ex hac familia
unde exeuntem me aspexistis. hanc domum
iam multos annos est cum possideo et colo
patri avoque iam huius qui nunc hic habet.
sed mi avos huius obsecrans concredidit
thensaurum auri clam omnis: in medio foco
defodit, venerans me ut id servarem sibi.
is quoniam moritur—ita avido ingenio fuit—
numquam indicare id filio voluit suo,
inopemque optavit potius eum relinquere,
quam eum thensaurum commonstraret filio;
agri reliquit ei non magnum modum,
quo cum labore magno et misere viveret.
ubi is obiit mortem qui mihi id aurum credidit,
coepi observare, ecqui maiorem filius
mihi honorem haberet quam eius habuisset pater.
atque ille vero minus minusque impendio
curare minusque me impertire honoribus.
item a me contra factum est, nam item obiit diem.
is ex se hunc reliquit qui hic nunc habitat filium
pariter moratum ut pater avosque huius fuit.
huic filia una est. ea mihi cottidie
aut ture aut vino aut aliqui semper supplicat,
dat mihi coronas. eius honoris gratia
feci, thensaurum ut hic reperiret Euclio,
quo illam facilius nuptum, si vellet, daret.
nam eam compressit de summo adulescens loco.
is scit adulescens quae sit quam compresserit,
illa illum nescit, neque compressam autem pater.
eam ego hodie faciam ut hic senex de proxumo
sibi uxorem poscat. id ea faciam gratia,
quo ille eam facilius ducat qui compresserat.

et hic qui poscet eam sibi uxorem senex,
is adulescentis illius est avonculus,
qui illam stupravit noctu, Cereris vigiliis.
sed hic senex iam clamat intus ut solet.
anum foras extrudit, ne sit conscia.
credo aurum inspicere volt, ne subreptum siet.

ACTVS I

EVCLIO Exi, inquam. age exi. exeundum hercle tibi hinc est foras,
circumspectatrix cum oculis emissiciis.
STAPHYLA Nam cur me miseram verberas? **EVCL.** Vt misera sis
atque ut te dignam mala malam aetatem exigas.
STAPH. Nam qua me nunc causa extrusisti ex aedibus?
EVCL. Tibi ego rationem reddam, stimulorum seges?
illuc regredere ab ostio. illuc sis vide,
ut incedit. at scin quo modo tibi res se habet?
si hercle hodie fustem cepero aut stimulum in manum,
testudineum istum tibi ego grandibo gradum.
STAPH. Vtinam me divi adaxint ad suspendium
potius quidem quam hoc pacto apud te serviam.
EVCL. At ut scelesta sola secum murmurat.
oculos hercle ego istos, improba, ecfodiam tibi,
ne me observare possis quid rerum geram.
abscede etiam nunc—etiam nunc—etiam—ohe,
istic astato. si hercle tu ex istoc loco
digitum transvorsum aut unguem latum excesseris
aut si respexis, donicum ego te iussero,
continuo hercle ego te dedam discipulam cruci.
scelestiorem me hac anu certo scio
vidisse numquam, nimisque ego hanc metuo male,
ne mi ex insidiis verba imprudenti duit
neu persentiscat aurum ubi est absconditum,
quae in occipitio quoque habet oculos pessima.
nunc ibo ut visam sitne ita aurum ut condidi,
quod me sollicitat plurimis miserum modis.—
STAPH. Noenum mecastor quid ego ero dicam meo
malae rei evenisse quamve insaniam,
queo comminisci; ita me miseram ad hunc modum
decies die uno saepe extrudit aedibus.
nescio pol quae illunc hominem intemperiae tenent:
pervigilat noctes totas, tum autem interdius
quasi claudus sutor domi sedet totos dies.
neque iam quo pacto celem erilis filiae

probrum, propinqua partitudo cui appetit,
queo comminisci; neque quicquam meliust mihi,
ut opinor, quam ex me ut unam faciam litteram
longam, <meum> laqueo collum quando obstrinxero.

I.ii

EVCL. Nunc defaecato demum animo egredior domo,
postquam perspexi salva esse intus omnia.
redi nunciam intro atque intus serva. **STAPH.** Quippini?
ego intus servem? an ne quis aedes auferat?
nam hic apud nos nihil est aliud quaesti furibus,
ita inaniis sunt oppletae atque araneis.
EVCL. Mirum quin tua me causa faciat Iuppiter
Philippum regem aut Dareum, trivenefica.
araneas mihi ego illas servari volo.
pauper sum; fateor, patior; quod di dant fero.
abi intro, occlude ianuam. iam ego hic ero.
cave quemquam alienum in aedis intro miseris.
quod quispiam ignem quaerat, extingui volo,
ne causae quid sit quod te quisquam quaeritet.
nam si ignis vivet, tu extinguere extempulo.
tum aquam aufugisse dicito, si quis petet.
cultrum, securim, pistillum, mortarium,
quae utenda vasa semper vicini rogant,
fures venisse atque abstulisse dicito.
profecto in aedis meas me absente neminem
volo intro mitti. atque etiam hoc praedico tibi,
si Bona Fortuna veniat, ne intro miseris.
STAPH. Pol ea ipsa credo ne intro mittatur cavet,
nam ad aedis nostras numquam adit, quamquam prope est.
EVCL. Tace atque abi intro. **STAPH.** Taceo atque abeo.—**EVCL.** Occlude sis
fores ambobus pessulis. iam ego hic ero.
discrucior animi, quia ab domo abeundum est mihi.
nimis hercle invitus abeo. sed quid agam scio.
nam noster nostrae qui est magister curiae
dividere argenti dixit nummos in viros;
id si relinquo ac non peto, omnes ilico
me suspicentur, credo, habere aurum domi.
nam non est veri simile, hominem pauperem
pauxillum parvi facere quin nummum petat.
nam nunc cum celo sedulo omnis, ne sciant,
omnes videntur scire et me benignius
omnes salutant quam salutabant prius;

adeunt, consistunt, copulantur dexteras,
rogitant me ut valeam, quid agam, quid rerum geram.
nunc quo profectus sum ibo; postidea domum
me rursum quantum potero tantum recipiam.

ACTVS II

EVNOMIA Velim te arbitrari med haec verba, frater,
meai fidei tuaique rei
causa facere, ut aequom est germanam sororem.
quamquam haud falsa sum nos odiosas haberi;
nam multum loquaces merito omnes habemur,
nec mutam profecto repertam ullam esse
<aut> hodie dicunt mulierem <aut> ullo in saeclo.
verum hoc, frater, unum tamen cogitato,
tibi proximam me mihique esse item te;
ita aequom est quod in rem esse utrique arbitremur
et mihi te et tibi <me> consulere et monere;
neque occultum id haberi neque per metum mussari,
quin participem pariter ego te et tu me ut facias.
eo nunc ego secreto ted huc foras seduxi,
ut tuam rem ego tecum hic loquerer familiarem.
MEGADORVS Da mi, optuma femina, manum.
EVN. Vbi ea est? quis ea est nam optuma?
MEG. Tu. **EVN.** Tune ais? **MEG.** Si negas, nego.
EVN. Decet te equidem vera proloqui;
nam optuma nulla potest eligi:
alia alia peior, frater, est. **MEG.** Idem ego arbitror,
nec tibi adversari certum est de istac re umquam, soror.
EVN. Da mihi operam amabo. **MEG.** Tuast, utere atque impera, si quid vis.
EVN. Id quod in rem tuam optumum esse arbitror,
ted id monitum advento.
MEG. Soror, more tuo facis. **EVN.** Factum volo.
MEG. Quid est id, soror? **EVN.** Quod tibi sempiternum
salutare sit: liberis procreandis—
ita di faxint—volo te uxorem
domum ducere. **MEG.** Ei occidi. **EVN.** Quid ita?
MEG. Quia mihi misero cerebrum excutiunt
tua dicta, soror: lapides loqueris.
EVN. Heia, hoc face quod te iubet soror. **MEG.** Si lubeat, faciam.
EVN. In rem hoc tuam est. **MEG.** Vt quidem emoriar prius quam ducam.
sed his legibus si quam dare vis ducam:
quae cras veniat, perendie foras feratur;
his legibus dare vis? cedo: nuptias adorna.

EVN. Cum maxima possum tibi, frater, dare dote;
sed est grandior natu: media est mulieris aetas.
eam si iubes, frater, tibi me poscere, poscam.
MEG. Num non vis me interrogare te? **EVN.** Immo, si quid vis, roga.
MEG. Post mediam aetatem qui media ducit uxorem domum,
si eam senex anum praegnatem fortuito fecerit,
quid dubitas, quin sit paratum nomen puero Postumus?
nunc ego istum, soror, laborem demam et deminuam tibi.
ego virtute deum et maiorum nostrum dives sum satis.
istas magnas factiones, animos, dotes dapsiles,
clamores, imperia, eburata vehicla, pallas, purpuram,
nil moror quae in servitutem sumptibus redigunt viros.
E. Dic mihi, quaeso, quis ea est, quam vis ducere
uxorem? **M.** Eloquar.
nostin hunc senem Euclionem ex proximo pauperculum?
EVN. Novi, hominem haud malum mecastor. **MEG.** Eius cupio filiam
virginem mihi desponderi. verba ne facias, soror.
scio quid dictura es: hanc esse pauperem. haec pauper placet.
E. Di bene vortant. **M.** Idem ego spero. **E.** Quid me? num quid
vis? **M.** Vale.
EVN. Et tu, frater.—**MEG.** Ego conveniam Euclionem, si domi est.
sed eccum <video>. nescio unde sese homo recipit domum.

II.ii

EVCLIO Praesagibat mi animus frustra me ire, quom exibam domo;
itaque abibam invitus; nam neque quisquam curialium
venit neque magister quem dividere argentum oportuit.
nunc domum properare propero, nam egomet sum hic, animus domi est.
MEG. Salvos atque fortunatus, Euclio, semper sies.
EVCL. Di te ament, Megadore. **M.** Quid tu? recten atque ut vis vales?
EVCL. Non temerarium est, ubi dives blande appellat pauperem.
iam illic homo aurum scit me habere, eo me salutat blandius.
MEG. Ain tu te valere? **EVCL.** Pol ego haud perbene a pecunia.
MEG. Pol si est animus aequos tibi, sat habes qui bene vitam colas.
EVCL. Anus hercle huic indicium fecit de auro, perspicue palam est,
cui ego iam linguam praecidam atque oculos effodiam domi.
MEG. Quid tu solus tecum loquere? **EVCL.** Meam pauperiem conqueror.
virginem habeo grandem, dote cassam atque inlocabilem,
neque eam queo locare cuiquam. **MEG.** Tace, bonum habe animum, Euclio.
dabitur, adiuvabere a me. dic, si quid opust, impera.
EVCL. Nunc petit, cum pollicetur; inhiat aurum ut devoret.
altera manu fert lapidem, panem ostentat altera.

nemini credo qui large blandust dives pauperi:
ubi manum inicit benigne, ibi onerat aliqua zamia.
ego istos novi polypos, qui ubi quidquid tetigerunt tenent.
MEG. Da mi operam parumper. paucis, Euclio, est quod te volo
de communi re appellare mea et tua. **EVCL.** Ei misero mihi,
aurum mi intus harpagatum est. nunc hic eam rem volt, scio,
mecum adire ad pactionem. verum intervisam domum.
MEG. Quo abis? **EVCL.** Iam ad te revortar: nunc est quod visam domum.—
MEG. Credo edepol, ubi mentionem ego fecero de filia,
mi ut despondeat, sese a me derideri rebitur;
neque illo quisquam est alter hodie ex paupertate parcior.
EVCL. Di me servant, salva res est. salvom est si quid non perit.
nimis male timui. prius quam intro redii, exanimatus fui.
redeo ad te, Megadore, si quid me vis. **MEG.** Habeo gratiam.
quaeso, quod te percontabor, ne id te pigeat proloqui.
EVCL. Dum quidem ne quid perconteris quod non lubeat proloqui.
MEG. Dic mihi, quali me arbitrare genere prognatum? **EVCL.** Bono.
M. Quid fide? **E.** Bona. **M.** Quid factis? **E.** Neque malis neque improbis.
MEG. Aetatem meam scis? **EVCL.** Scio esse grandem, item ut pecuniam.
MEG. Certe edepol equidem te civem sine mala omni malitia
semper sum arbitratus et nunc arbitror. **EVCL.** Aurum huic olet.
quid nunc me vis? **MEG.** Quoniam tu me et ego te qualis sis scio,
quae res recte vortat mihique tibique tuaeque filiae,
filiam tuam mi uxorem posco. promitte hoc fore.
EVCL. Heia, Megadore, haud decorum facinus tuis factis facis,
ut inopem atque innoxium abs te atque abs tuis me inrideas.
nam de te neque re neque verbis merui ut faceres quod facis.
MEG. Neque edepol ego te derisum venio neque derideo,
neque dignum arbitror. **EVCL.** Cur igitur poscis meam gnatam tibi?
MEG. Vt propter me tibi sit melius mihique propter te et tuos.
EVCL. Venit hoc mihi, Megadore, in mentem, ted esse hominem divitem,
factiosum, me autem esse hominem pauperum pauperrimum;
nunc si filiam locassim meam tibi, in mentem venit
te bovem esse et me esse asellum: ubi tecum coniunctus siem,
ubi onus nequeam ferre pariter, iaceam ego asinus in luto,
tu me bos magis haud respicias, gnatus quasi numquam siem.
et te utar iniquiore et meus me ordo inrideat,
neutrubi habeam stabile stabulum, si quid divorti fuat:
asini me mordicibus scindant, boves incursent cornibus.
hoc magnum est periclum, ab asinis ad boves transcendere.
MEG. Quam ad probos propinquitate proxime te adiunxeris,
tam optumum est. tu condicionem hanc accipe, ausculta mihi,
atque eam desponde mi. **EVCL.** At nihil est dotis quod dem. **M.** Ne duas.
dum modo morata recte veniat, dotata est satis.

11

EVCL. Eo dico, ne me thensauros repperisse censeas.
MEG. Novi, ne doceas. desponde. **EVCL.** Fiat. sed pro Iuppiter,
num ego disperii? **M.** Quid tibi est? **E.** Quid crepuit quasi ferrum modo?—
MEG. Hic apud me hortum confodere iussi. sed ubi hic est homo?
abiit neque me certiorem fecit. fastidit mei, -
quia videt me suam amicitiam velle: more hominum facit;
nam si opulentus it petitum pauperioris gratiam,
pauper metuit congrediri, per metum male rem gerit.
idem, quando occasio illaec periit, post sero cupit.
EVCL. Si hercle ego te non elinguandam dedero usque ab radicibus,
impero auctorque <ego> sum, ut tu me cuivis castrandum loces.
MEG. Video hercle ego te me arbitrari, Euclio, hominem idoneum,
quem senecta aetate ludos facias, haud merito meo.
EVCL. Neque edepol, Megadore, facio, neque, si cupiam, copia est.
MEG. Quid nunc? etiam mihi despondes filiam? **EVCL.** Illis legibus,
cum illa dote quam tibi dixi. **MEG.** Sponden ergo? **EVCL.** Spondeo.
MEG. Di bene vertant. **EVCL.** Ita di faxint. illud facito ut memineris,
convenisse ut ne quid dotis mea ad te afferret filia.
MEG. Memini. **EVCL.** At scio quo vos soleatis pacto perplexarier:
pactum non pactum est, non pactum pactum est, quod vobis lubet.
MEG. Nulla controversia mihi tecum erit. sed nuptias
num quae causa est quin faciamus hodie? **EVCL.** Immo edepol optuma.
MEG. Ibo igitur, parabo. numquid me vis? **EVCL.** Istuc. ei et vale.
MEG. Heus, Pythodice, sequere propere me ad macellum strenue.—
EVCL. Illic hinc abiit. di immortales, obsecro, aurum quid valet.
[credo ego illum iam inaudivisse mi esse thensaurum domi.]
id inhiat, ea affinitatem hanc obstinavit gratia.

II.iii

ubi tu es, quae deblateravisti iam vicinis omnibus,
meae me filiae daturum dotem? heus, Staphyla, te voco.
ecquid audis? vascula intus pure propera atque elue:
filiam despondi ego: hodie huic nuptum Megadoro dabo.
STAPHYLA Di bene vortant. verum ecastor non potest, subitum est nimis.
EVCL. Tace atque abi. curata fac sint cum a foro redeam domum;
atque aedis occlude; iam ego hic adero. **STAPH.** Quid ego nunc agam?
nunc nobis prope adest exitium, mi atque erili filiae,
nunc probrum atque partitudo prope adest ut fiat palam;
quod celatum atque occultatum est usque adhuc, nunc non potest.
ibo intro, ut erus quae imperavit facta, cum veniat, sient.
nam ecastor malum maerore metuo ne mixtum bibam.—

II.iv

PYTHODICVS Postquam obsonavit erus et conduxit coquos
tibicinasque hasce apud forum, edixit mihi
ut dispertirem obsonium hic bifariam.
ANTHRAX Me quidem hercle, dicam <tibi> palam, non divides;
si quo tu totum me ire vis, operam dabo.
CONGRIO Bellum et pudicum vero prostibulum popli.
post si quis vellet, te haud non velles dividi.
PYTH. Atque ego istuc, Anthrax, alio vorsum dixeram,
non istuc quo tu insimulas. sed erus nuptias
meus hodie faciet. **ANTHR.** Cuius ducit filiam?
PYTH. Vicini huius Euclionis <senis> e proximo.
ei adeo obsoni hinc iussit dimidium dari,
cocum alterum itidemque alteram tibicinam.
ANTHR. Nempe huc dimidium dicis, dimidium domum?
PYTH. Nempe sicut dicis. **ANTHR.** Quid? hic non poterat de suo
senex obsonari filiai nuptiis?
PYTH. Vah. **ANTHR.** Quid negotist? **PYTH.** Quid negoti sit rogas?
pumex non aeque est aridus atque hic est senex.
ANTHR. Ain tandem? **PYTH.** Ita esse ut dixi. tute existuma:
suam rem periisse seque eradicarier.
quin divom atque hominum clamat continuo fidem,
de suo tigillo fumus si qua exit foras.
quin cum it dormitum, follem obstringit ob gulam.
ANTHR. Cur? **PYTH.** Ne quid animae forte amittat dormiens.
ANTHR. Etiamne obturat inferiorem gutturem,
ne quid animai forte amittat dormiens?
PYTH. Haec mihi te ut tibi med aequom est, credo, credere.
ANTHR. Immo equidem credo. **PYTH.** At scin etiam quo modo?
aquam hercle plorat, cum lavat, profundere.
ANTHR. Censen talentum magnum exorari pote
ab istoc sene ut det, qui fiamus liberi?
PYTH. Famem hercle utendam si roges, numquam dabit.
quin ipsi pridem tonsor unguis dempserat:
collegit, omnia abstulit praesegmina.
ANTHR. Edepol mortalem parce parcum praedicas.
PYTH. Censen vero esse parcum et misere vivere?
pulmentum pridem ei eripuit milvos:
homo ad praetorem plorabundus devenit;
infit ibi postulare plorans, eiulans,
ut sibi liceret milvom vadarier.
sescenta sunt quae memorem, si sit otium.
sed uter vestrorum est celerior? memora mihi.

ANTHR. Ego, et multo melior. **PYTH.** Cocum ego, non furem rogo.
ANTHR. Cocum ergo dico. **PYTH.** Quid tu ais? **CONG.** Sic sum ut vides.
ANTHR. Cocus ille nundinalest, in nonum diem
solet ire coctum. **CONG.** Tun, trium litterarum homo,
me vituperas? fur. **ANTHR.** Etiam fur, trifurcifer.

II.v

PYTH. Tace nunciam tu, atque agnum hinc uter est pinguior
<cape atque abi intro ad nos.> **ANTHR.** Licet.—**PYTH.** Tu, Congrio,
<quem illic reliquit agnum,> eum sume atque abi   a
*** intro illuc, et vos illum sequimini.
vos ceteri ite huc ad nos. **CONG.** Hercle iniuria
dispertivisti: pinguiorem agnum isti habent.
PYTH. At nunc tibi dabitur pinguior tibicina.
i sane cum illo, Phrugia. tu autem, Eleusium,
huc intro abi ad nos. **CONG.** O Pythodice subdole,
hucine detrusti me ad senem parcissimum?
ubi si quid poscam, usque ad ravim poscam prius
quam quicquam detur. **PYTH.** Stultus et sine gratia es.
 tibi recte facere, quando quod facias perit.
CONG. Qui vero? **PYTH.** Rogitas? iam principio in aedibus
turba istic nulla tibi erit: siquid uti voles,
domo abs te adferto, ne operam perdas poscere.
hic autem apud nos magna turba ac familia est,
supellex, aurum, vestis, vasa argentea:
ibi si perierit quippiam—quod te scio
facile abstinere posse, si nihil obviam est—
dicant: coqui abstulerunt, comprehendite,
vincite, verberate, in puteum condite.
horum tibi istic nihil eveniet: quippe qui
ubi quid subripias nihil est. sequere hac me. **CONG.** Sequor.

II.vi

PYTH. Heus, Staphyla, prodi atque ostium aperi. **STAPHYLA** Qui vocat?
PYTH. Pythodicus. **STAPH.** Quid vis? **PYTH.** Hos ut accipias coquos
tibicinamque obsoniumque in nuptias.
Megadorus iussit Euclioni haec mittere.
STAPH. Cererin, Pythodice, has sunt facturi nuptias?
PYTH. Qui? **STAPH.** Quia temeti nihil allatum intellego.
PYTH. At iam afferetur, si a foro ipsus redierit.
STAPH. Ligna hic apud nos nulla sunt. **CONG.** Sunt asseres?
STAPH. Sunt pol. **CONG.** Sunt igitur ligna, ne quaeras foris.
STAPH. Quid, impurate? quamquam Volcano studes,
cenaene causa aut tuae mercedis gratia

nos nostras aedis postulas comburere?
CONG. Haud postulo. **PYTH.** Duc istos intro. **STAPH.** Sequimini.—

II.vii

PYTH. Curate. ego intervisam quid faciant coqui;
quos pol ut ego hodie servem, cura maxuma est.
nisi unum hoc faciam, ut in puteo cenam coquant:
inde coctam sursum subducemus corbulis.
si autem deorsum comedent, si quid coxerint,
superi incenati sunt et cenati inferi.
sed verba hic facio, quasi negoti nil siet,
rapacidarum ubi tantum sit in aedibus.

II.viii

EVCLIO Volui animum tandem confirmare hodie meum,
ut bene me haberem filiai nuptiis.
venio ad macellum, rogito pisces: indicant
caros; agninam caram, caram bubulam,
vitulinam, cetum, porcinam: cara omnia.
atque eo fuerunt cariora, aes non erat.
abeo iratus illinc, quoniam nihil est qui emam.
ita illis impuris omnibus adii manum.
deinde egomet mecum cogitare intervias
occepi: festo die si quid prodegeris,
profesto egere liceat, nisi peperceris.
postquam hanc rationem ventri cordique edidi,
accessit animus ad meam sententiam,
quam minimo sumptu filiam ut nuptum darem.
nunc tusculum emi hoc et coronas floreas:
haec imponentur in foco nostro Lari,
ut fortunatas faciat gnatae nuptias.
sed quid ego apertas aedis nostras conspicor?
et strepitust intus. numnam ego compilor miser?
CONGRIO Aulam maiorem, si pote, ex vicinia
pete: haec est parva, capere non quit. **EVCL.** Ei mihi,
perii hercle. aurum rapitur, aula quaeritur.
[nimirum occidor, nisi ego intro huc propere propero currere.]
Apollo, quaeso, subveni mi atque adiuva,
confige sagittis fures thensaurarios,
<si> cui in re tali iam subvenisti antidhac.
sed cesso prius quam prorsus perii currere?

II.ix

ANTHRAX Dromo, desquama piscis. tu, Machaerio,
congrum, murenam exdorsua quantum potest.
ego hinc artoptam ex proximo utendam peto
a Congrione. tu istum gallum, si sapis,
glabriorem reddes mihi quam volsus ludiust.
sed quid hoc clamoris oritur hinc ex proximo?
coqui hercle, credo, faciunt officium suom.
fugiam intro, ne quid turbae hic itidem fuat.

ACTVS III

CONGRIO Optati vires populares, incolae, accolae, advenae omnes,
date viam qua fugere liceat, facite totae plateae pateant.
neque ego umquam nisi hodie ad Bacchas veni in Bacchanal coquinatum,
ita me miserum et meos discipulos fustibus male contuderunt.
totus doleo atque oppido perii, ita me iste habuit senex gymnasium;
attat, perii hercle ego miser,
aperit bacchanal, adest,   a
sequitur. scio quam rem geram: hoc
ipsus magister me docuit.   a
neque ligna ego usquam gentium praeberi vidi pulchrius,
itaque omnis exegit foras, me atque hos, onustos fustibus.

III.ii

EVCLIO Redi. quo fugis nunc? tene, tene. **CONG.** Quid, stolide, clamas?
EVCL. Quia ad tris viros iam ego deferam nomen tuom. **C.** Quam ob rem?
EVCL. Quia cultrum habes. **CONG.** Cocum decet. **EVCL.** Quid comminatu's
mihi? **CONG.** Istud male factum arbitror, quia non latus fodi.
EVCL. Homo nullust te scelestior qui vivat hodie,
neque quoi ego de industria amplius male plus libens faxim.
CONG. Pol etsi taceas, palam id quidem est: res ipsa testist;
ita fustibus sum mollior magis quam ullus cinaedus.
sed quid tibi nos tactiost, mendice homo? **EVCL.** Quae res?
etiam rogitas? an quia minus quam aequom erat feci?
CONG. Sine, at hercle cum magno malo tuo, si hoc caput sentit.
EVCL. Pol ego haud scio quid post fuat: tuom nunc caput sentit.
sed in aedibus quid tibi meis nam erat negoti
me absente, nisi ego iusseram? volo scire. **CONG.** Tace ergo.
quia venimus coctum ad nuptias. **EVCL.** Quid tu, malum, curas,
utrum crudum an coctum ego edim, nisi tu mi es tutor?
CONG. Volo scire, sinas an non sinas nos coquere hic cenam?

EVCL. Volo scire ego item, meae domi mean salva futura?
CONG. Vtinam mea mihi modo auferam, quae adtuli, salva:
me haud paenitet, tua ne expetam. **EVCL.** Scio, ne doce, novi.
CONG. Quid est qua prohibes nunc gratia nos coquere hic cenam?
quid fecimus, quid diximus tibi secus quam velles?
EVCL. Etiam rogitas, sceleste homo, qui angulos in omnis
mearum aedium et conclavium mihi pervium facitis?
ibi ubi tibi erat negotium, ad focum si adesses,
non fissile auferres caput: merito id tibi factum est.
adeo ut tu meam sententiam iam noscere possis:
si ad ianuam huc accesseris, nisi iussero, propius,
ego te faciam miserrimus mortalis uti sis.
scis iam meam sententiam.— **CONG.** Quo abis? redi rursum.
ita me bene amet Laverna, <uti> te iam, nisi reddi
mihi vasa iubes, pipulo hic differam ante aedis.
quid ego nunc agam? ne ego edepol veni huc auspicio malo.
nummo sum conductus: plus iam medico mercedest opus.

III.iii

EVCLIO Hoc quidem hercle, quoquo ibo, mecum erit, mecum feram,
neque isti id in tantis periclis umquam committam ut siet.
ite sane nunciam omnes, et coqui et tibicinae,
etiam intro duce, si vis, vel gregem venalium,
coquite, facite, festinate nunciam quantum libet.
CONG. Temperi, postquam implevisti fusti fissorum caput.
EVCL. Intro abite, opera huc conducta est vostra, non oratio.
CONG. Heus, senex, pro vapulando hercle ego abs te mercedem petam.
coctum ego, non vapulatum, dudum conductus fui.
EVCL. Lege agito mecum. molestus ne sis. i et cenam coque,
aut abi in malum cruciatum ab aedibus. **CONG.** Abi tu modo.—

III.iv

EVCL. Illic hinc abiit. di immortales, facinus audax incipit
qui cum opulento pauper homine coepit rem habere aut negotium.
veluti Megadorus temptat me omnibus miserum modis,
qui simulavit mei honoris mittere huc causa coquos:
is ea causa misit, hoc qui surriperent misero mihi.
condigne etiam meus med intus gallus gallinacius,
qui erat anu peculiaris, perdidit paenissume.
ubi erat haec defossa, occepit ibi scalpurrire ungulis
cirum circa. quid opust verbis? ita mihi pectus peracuit:
capio fustem, obtrunco gallum, furem manufestarium.

credo edepol ego illi mercedem gallo pollicitos coquos,
si id palam fecisset. exemi ex manu manubrium.
[quid opust verbis? facta est pugna in gallo gallinacio.]
sed Megadorus meus affinis eccum incedit a foro.
iam hunc non ausim praeterire, quin consistam et conloquar.

III.v

MEGADORVS Narravi amicis multis consilium meum
de condicione hac. Euclionis filiam
laudant. sapienter factum et consilio bono.
nam meo quidem animo si idem faciant ceteri
opulentiores, pauperiorum filias
ut indotatas ducant uxores domum,
et multo fiat civitas concordior,
et invidia nos minore utamur quam utimur,
et illae malam rem metuant quam metuont magis,
et nos minore sumptu simus quam sumus.
in maximam illuc populi partem est optimum
in pauciores avidos altercatio est,
quorum animis avidis atque insatietatibus
neque lex neque sutor capere est qui possit modum.
namque hoc qui dicat 'quo illae nubent divites
dotatae, si istud ius pauperibus ponitur?'
quo lubeant, nubant, dum dos ne fiat comes.
hoc si ita fiat, mores meliores sibi
parent, pro dote quos ferant, quam nunc ferunt,
ego faxim muli, pretio qui superant equos,
sint viliores Gallicis cantheriis.
EVCL. Ita me di amabunt ut ego hunc ausculto lubens.
nimis lepide fecit verba ad parsimoniam.
MEG. Nulla igitur dicat 'equidem dotem ad te adtuli
maiorem multo quam tibi erat pecunia;
enim mihi quidem aequomst purpuram atque aurum dari,
ancillas, mulos, muliones, pedisequos,
salutigerulos pueros, vehicla qui vehar.'
EVCL. Vt matronarum hic facta pernovit probe.
moribus praefectum mulierum hunc factum velim.
MEG. Nunc quoquo venias plus plaustrorum in aedibus
videas quam ruri, quando ad villam veneris.
sed hoc etiam pulchrum est praequam ubi sumptus petunt.
stat fullo, phyrgio, aurifex, lanarius;
caupones patagiarii, indusiarii,
flammarii, violarii, carinarii;

stant manulearii, stant murobatharii,
propolae linteones, calceolarii;
sedentarii sutores diabathrarii,
solearii astant, astant molocinarii;
[petunt fullones, sarcinatores petunt;]
strophiarii astant, astant semul sonarii.
iam hosce absolutos censeas: cedunt, petunt
treceni, cum stant thylacistae in atriis
textores limbularii, arcularii.
ducuntur, datur aes. iam absolutos censeas,
cum incedunt infectores corcotarii,
aut aliqua mala crux semper est, quae aliquid petat.
EVCL. Compellarem ego illum, ni metuam ne desinat
memorare mores mulierum: nunc sic sinam.
MEG. Vbi nugivendis res soluta est omnibus,
ibi ad postremum cedit miles, aes petit.
itur, putatur ratio cum argentario;
miles inpransus astat, aes censet dari.
ubi disputata est ratio cum argentario,
etiam ipsus ultro debet argentario:
spes prorogatur militi in alium diem.
haec sunt atque aliae multae in magnis dotibus
incommoditates sumptusque intolerabiles.
nam quae indotata est, ea in potestate est viri;
dotatae mactant et malo et damno viros.
sed eccum adfinem ante aedes. quid agis, Euclio?

III.vi

EVCL. Nimium lubenter edi sermonem tuom.
MEG. An audivisti? **EVCL.** Vsque a principio omnia.
MEG. Tamen meo quidem animo aliquanto facias rectius,
si nitidior sis filiai nuptiis.
EVCL. Pro re nitorem et gloriam pro copia
qui habent, meminerunt sese unde oriundi sient.
neque pol, Megadore, mihi neque quoiquam pauperi
opinione melius res structa est domi.
MEG. Immo est <quod satis est>, et di faciant ut siet
plus plusque <et> istuc sospitent quod nunc habes.
EVCL. Illud mihi verbum non placet 'quod nunc habes.'
tam hoc scit me habere quam egomet. anus fecit palam.
MEG. Quid tu te solus e senatu sevocas?
EVCL. Pol ego ut te accusem merito meditabar. **MEG.** Quid est?
EVCL. Quid sit me rogitas? qui mihi omnis angulos

furum implevisti in aedibus misero mihi,
qui mi intro misti in aedis quingentos coquos,
cum senis manibus, genere Geryonaceo;
quos si Argus servet, qui oculeus totus fuit,
quem quondam Ioni Iuno custodem addidit,
is numquam servet. praeterea tibicinam,
quae mi interbibere sola, si vino scatat,
Corinthiensem fontem Pirenam potest.
tum obsonium autem—**MEG.** Pol vel legioni sat est.
etiam agnum misi. **EVCL.** Quo quidem agno sat scio
magis curionem nusquam esse ullam beluam.
MEG. Volo ego ex te scire qui sit agnus curio.
EVCL. Quia ossa ac pellis totust, ita cura macet.
quin exta inspicere in sole ei vivo licet:
ita is pellucet quasi lanterna Punica.
MEG. Caedundum conduxi ego illum. **EVCL.** Tum tu idem optumumst
loces efferendum; nam iam, credo, mortuost.
MEG. Potare ego hodie, Euclio, tecum volo.
EVCL. Non potem ego quidem hercle. **MEG.** At ego iussero
cadum unum vini veteris a me adferrier.
EVCL. Nolo hercle, nam mihi bibere decretum est aquam.
MEG. Ego te hodie reddam madidum, si vivo, probe,
tibi cui decretum est bibere aquam. **EVCL.** Scio quam rem agat:
ut me deponat vino, eam adfectat viam,
post hoc quod habeo ut commutet coloniam.
ego id cavebo, nam alicubi abstrudam foris.
ego faxo et operam et vinum perdiderit simul.
MEG. Ego, nisi quid me vis, eo lavatum, ut sacruficem.—
EVCL. Edepol, ne tu, aula, multos inimicos habes
atque istuc aurum quod tibi concreditum est.
nunc hoc mihi factu est optumum, ut ted auferam,
aula, in Fidei fanum: ibi abstrudam probe.
Fides, novisti me et ego te: cave sis tibi,
ne in me mutassis nomen, si hoc concreduo.
ibo ad te fretus tua, Fides, fiducia.—

ACTVS IV

STROBILVS Hoc est servi facinus frugi, facere quod ego persequor,
ne morae molestiaeque imperium erile habeat sibi.
nam qui ero ex sententia servire servos postulat,
in erum matura, in se sera condecet capessere.
sin dormitet, ita dormitet, servom sese ut cogitet.
[nam qui amanti ero servitutem servit, quasi ego servio,

si erum videt superare amorem, hoc servi esse officium reor,
retinere ad salutem, non enim quo incumbat eo impellere.
quasi pueri qui nare discunt scirpea induitur ratis,
qui laborent minus, facilius ut nent et moveant manus,
eodem modo servom ratem esse amanti ero aequom censeo,
ut <eum> toleret, ne pessum abeat tamquam * *]
erile imperium ediscat, ut quod frons velit oculi sciant;
quod iubeat citis quadrigis citius properet persequi.
qui ea curabit, abstinebit censione bubula,
nec sua opera rediget umquam in splendorem compedes.
nunc erus meus amat filiam huius Euclionis pauperis;
eam ero nunc renuntiatum est nuptum huic Megadoro dari.
is speculatum huc misit me, ut quae fierent fieret particeps.
nunc sine omni suspicione in ara hic adsidam sacra;
hinc ego et huc et illuc potero quid agant arbitrarier.

IV.ii

EVCLIO Tu modo cave quoiquam indicassis aurum meum esse istic, Fides:
non metuo ne quisquam inveniat, ita probe in latebris situmst.
edepol ne illic pulchram praedam agat, si quis illam invenerit
aulam onustam auri; verum id te quaeso ut prohibessis, Fides.
nunc lavabo, ut rem divinam faciam, ne affinem morer
quin ubi accersat meam extemplo filiam ducat domum.
vide, Fides, etiam atque etiam nunc, salvam ut aulam abs te auferam:
tuae fide concredidi aurum, in tuo luco et fano est situm.—
STROB. Di immortales, quod ego hunc hominem facinus audivi loqui:
se aulam onustam auri abstrusisse hic intus in fano Fide.
cave tu illi fidelis, quaeso, potius fueris, quam mihi.
atque hic pater est, ut ego opinor, huius, erus quam amat, <virginis>.
ibo hinc intro, perscrutabor fanum, si inveniam uspiam
aurum, dum hic est occupatus. sed si repperero, o Fides,
mulsi congialem plenam faciam tibi fideliam.
id adeo tibi faciam; verum ego mihi bibam, ubi id fecero.—

IV.iii

EVCLIO Non temere est quod corvos cantat mihi nunc ab laeva manu;
semul radebat pedibus terram et voce croccibat sua:
continuo meum cor coepit artem facere ludicram
atque in pectus emicare. sed ego cesso currere?

IV.iv

Foras, lumbrice, qui sub terra erepsisti modo,
qui modo nusquam comparebas, nunc, cum compares, peris.
ego pol te, praestrigiator, miseris iam accipiam modis.
STROBILVS Quae te mala crux agitat? quid tibi mecum est commerci, senex?
quid me adflictas? quid me raptas? qua me causa verberas?
EVCL. Verberabilissime, etiam rogitas, non fur, sed trifur?
STROB. Quid tibi surrupui? **EVCL.** Redde huc sis. **STROB.** Quid tibi vis reddam? **EVCL.** Rogas?
STROB. Nil equidem tibi abstuli. **EVCL.** At illud quod tibi abstuleras cedo.
ecquid agis? **STROB.** Quid agam? **E.** Auferre non potes. **ST.** Quid vis tibi?
EVCL. Pone. **STROB.** Id quidem pol te datare credo consuetum, senex.
EVCL. Pone hoc sis, aufer cavillam, non ego nunc nugas ago.
STROB. Quid ego ponam? quin tu eloquere quidquid est suo nomine.
non hercle equidem quicquam sumpsi nec tetigi. **EVCL.** Ostende huc manus.
STROB. Em tibi, ostendi, eccas. **EVCL.** Video. age ostende etiam tertiam.
STROB. Laruae hunc atque intemperiae insaniaeque agitant senem.
facisne iniuriam mihi? **EVCL.** Fateor, quia non pendes, maximam.
atque id quoque iam fiet, nisi fatere. **STROB.** Quid fatear tibi?
EVCL. Quid abstulisti hinc? **S.** Di me perdant. si ego tui quicquam abstuli
nive adeo abstulisse vellem. **EVCL.** Agedum, excutedum pallium.
STROB. Tuo arbitratu. **E.** Ne inter tunicas habeas. **S.** Tempta qua lubet.
EVCL. Vah, scelestus quam benigne: ut ne abstulisse intellegam.
novi sycophantias. age rusum ostende huc manum
dexteram. **S.** Em. **E.** Nunc laevam ostende. **S.** Quin equidem ambas profero.
E. Iam scrutari mitto. redde huc. **S.** Quid reddam? **E.** A, nugas agis,
certe habes. **S.** Habeo ego? quid habeo? **E.** Non dico, audire expetis.
id meum, quidquid habes, redde. **STROB.** Insanis: perscrutatus es
tuo arbitratu, neque tui me quicquam invenisti penes.
EVCL. Mane, mane. quis illic est? quis hic intus alter erat tecum simul?
perii hercle: ille nunc intus turbat, hunc si amitto hic abierit.
postremo hunc iam perscrutavi, hic nihil habet. abi quo lubet.
STROB. Iuppiter te dique perdant. **EVCL.** Haud male egit gratias.
ibo intro atque illi socienno tuo iam interstringam gulam.
fugin hinc ab oculis? abin an non? **S.** Abeo. **E.** Cave sis te videam.

IV.v

STROB. Emortuom ego me mavelim leto malo
quam non ego illi dem hodie insidias seni.
nam hic iam non audebit aurum abstrudere:
credo ecferet iam secum et mutabit locum.
attat, foris crepuit. senex eccum aurum ecfert foras.
tantisper huc ego ad ianuam concessero.

IV.vi

EVCLIO Fide censebam maxumam multo fidem
esse, ea sublevit os mihi paenissume:
ni subvenisset corvos, periissem miser.
nimis hercle ego illum corvom ad me veniat velim,
qui indicium fecit, ut ego illi aliquid boni
dicam; nam quod edit tam duim quam perduim.
nunc hoc ubi abstrudam cogito solum locum.
Silvani lucus extra murum est avius,
crebro salicto oppletus. ibi sumam locum.
certumst, Silvano potius credam quam Fide.—
STROB. Euge, euge, di me salvom et servatum volunt.
iam ego illuc praecurram atque inscendam aliquam in arborem
indeque observabo, aurum ubi abstrudat senex.
quamquam hic manere me erus sese iusserat;
certum est, malam rem potius quaeram cum lucro.—

IV.vii

LYCONIDES Dixi tibi, mater, iuxta rem mecum tenes,
super Euclionis filia. nunc te obsecro
resecroque, mater, quod dudum obsecraveram:
fac mentionem cum avonculo, mater mea.
EVNOMIA Scis tute facta velle me quae tu velis,
et istuc confido <a> fratre me impetrassere;
et causa iusta est, siquidem ita est ut praedicas,
te eam compressisse vinulentum virginem.
LYC. Egone ut te advorsum mentiar, mater mea?
PHAEDRIVM Perii, mea nutrix. obsecro te, uterum dolet.
Iuno Lucina, tuam fidem! **LYC.** Em, mater mea,
tibi rem potiorem verbo: clamat, parturit.
EVN. Ei hac intro mecum, gnate mi, ad fratrem meum,
ut istuc quod me oras impetratum ab eo auferam.—
LYC. I, iam sequor te, mater. sed servom meum

Strobilum miror ubi sit, quem ego me iusseram
hic opperiri. nunc ego mecum cogito:
si mihi dat operam, me illi irasci iniurium est.
ibo intro, ubi de capite meo sunt comitia.—

IV.viii

STROBILVS Picis divitiis, qui aureos montes colunt,
ego solus supero. nam istos reges ceteros
memorare nolo, hominum mendicabula:
ego sum ille rex Philippus. o lepidum diem.
nam ut dudum hinc abii, multo illo adveni prior
multoque prius me conlocavi in arborem
indeque spectabam aurum ubi abstrudebat senex.
ubi ille abiit, ego me deorsum duco de arbore,
exfodio aulam auri plenam. inde ex eo loco
video recipere se senem; ille me non videt,
nam ego declinavi paululum me extra viam.
attat, eccum ipsum. ibo ut hoc condam domum.—

IV.ix

EVCLIO Perii interii occidi. quo curram? quo non curram? tene, tene.
quem? quis?
nescio, nil video, caecus eo atque equidem quo eam aut ubi sim aut qui sim
nequeo cum animo certum investigare. obsecro vos ego, mi auxilio,
oro obtestor, sitis et hominem demonstretis, quis eam abstulerit.
quid est? quid ridetis? novi omnes, scio fures esse hic complures,
qui vestitu et creta occultant sese atque sedent quasi sint frugi.
quid ais tu? tibi credere certum est, nam esse bonum ex voltu cognosco.
hem, nemo habet horum? occidisti. dic igitur, quis habet? nescis?
heu me miserum, misere perii,
male perditus, pessime ornatus eo:
tantum gemiti et mali maestitiaeque
hic dies mi optulit, famem et pauperiem.
perditissimus ego sum omnium in terra;
nam quid mi opust vita, qui tantum auri
perdidi, quod concustodivi
sedulo? egomet me defraudavi
animumque meum geniumque meum;
nunc eo alii laetificantur
meo malo et damno. pati nequeo.
LYCONIDES Quinam homo hic ante aedis nostras eiulans conqueritur
maerens?

atque hic quidem Euclio est, ut opinor. oppido ego interii: palamst res,
scit peperisse iam, ut ego opinor, filiam suam. nunc mi incertumst
abeam an maneam, an adeam an fugiam. quid agam edepol nescio.

IV.x

EVCL. Quis homo hic loquitur? **LYC.** Ego sum miser. **EVCL.** Immo ego sum,
  et misere perditus,
cui tanta mala maestitudoque optigit. **LYC.** Animo bono es.
EVCL. Quo, obsecro, pacto esse possum? **L.** Quia istuc facinus, quod tuom
sollicitat animum, id ego feci et fateor. **EVCL.** Quid ego ex te audio?
LYC. Id quod verumst. **E.** Quid ego <de te> commerui, adulescens, mali,
quam ob rem ita faceres meque meosque perditum ires liberos?
LYC. Deus impulsor mihi fuit, is me ad illam inlexit. **EVCL.** Quo modo?
LYC. Fateor peccavisse et me culpam commeritum scio;
id adeo te oratum advenio ut animo aequo ignoscas mihi.
EVCL. Cur id ausu's facere, ut id quod non tuom esset tangeres?
LYC. Quid vis fieri? factum est illud: fieri infectum non potest.
deos credo voluisse; nam ni vellent, non fieret, scio.
EVCL. At ego deos credo voluisse ut apud me te in nervo enicem.
LYC. Ne istuc dixis. **EVCL.** Quid tibi ergo meam me invito tactiost?
LYC. Quia vini vitio atque amoris feci. **EVCL.** Homo audacissime,
cum istacin te oratione huc ad me adire ausum, impudens!
nam si istuc ius est ut tu istuc excusare possies,
luci claro deripiamus aurum matronis palam,
post id si prehensi simus, excusemus ebrios
nos fecisse amoris causa. nimis vilest vinum atque amor,
si ebrio atque amanti impune facere quod lubeat licet.
LYC. Quin tibi ultro supplicatum venio ob stultitiam meam.
EVCL. Non mi homines placent qui quando male fecerunt purigant.
tu illam scibas non tuam esse: non attactam oportuit.
LYC. Ergo quia sum tangere ausus, haud causificor quin eam
ego habeam potissimum. **EVCL.** Tun habeas me invito meam?
LYC. Haud te invito postulo; sed meam esse oportere arbitror.
quin tu iam invenies, inquam, meam illam esse oportere, Euclio.
EVCL. Iam quidem hercle te ad praetorem rapiam et tibi scribam dicam,
nisi refers. **LYC.** Quid tibi ego referam? **EVCL.** Quod surripuisti meum.
LYC. Surripui ego tuom? unde? aut quid id est? **E.** Ita te amabit Iuppiter,
ut tu nescis. **LYC.** Nisi quidem tu mihi quid quaeras dixeris.
EVCL. Aulam auri, inquam, te reposco, quam tu confessu's mihi
te abstulisse. **LYC.** Neque edepol ego dixi neque feci. **EVCL.** Negas?
LYC. Pernego immo. nam neque ego aurum neque istaec aula quae siet
scio nec novi. **EVCL.** Illam, ex Silvani luco quam abstuleras, cedo.
i, refer. dimidiam tecum potius partem dividam.

tam etsi fur mihi es, molestus non ero. i vero, refer.
LYC. Sanus tu non es qui furem me voces. ego te, Euclio,
de alia re rescivisse censui, quod ad me attinet;
  magna est res quam ego tecum otiose, si otium est, cupio loqui.
EVCL. Dic bona fide: tu id aurum non surripuisti? **LYC.** Bona.
E. Neque <eum> scis qui abstulerit? **L.** Istuc quoque bona. **E.** Atque id si scies
qui abstulerit, mihi indicabis? **LYC.** Faciam. **EVCL.** Neque partem tibi
ab eo qui habet indipisces neque furem excipies? **LYC.** Ita.
EVCL. Quid <si> fallis? **LYC.** Tum me faciat quod volt magnus Iuppiter.
EVCL. Sat habeo. age nunc loquere quid vis. **LYC.** Si me novisti minus,
genere quo sim gnatus: hic mihi est Megadorus avonculus,
meus pater fuit Antimachus, ego vocor Lyconides,
mater est Eunomia. **EVCL.** Novi genus. nunc quid vis? id volo
noscere. **LYC.** Filiam ex te tu habes. **EVCL.** Immo eccillam domi.
LYC. Eam tu despondisti, opinor, meo avonculo. **EVCL.** Omnem rem tenes.
LYC. Is me nunc renuntiare repudium iussit tibi.
EVCL. Repudium rebus paratis, exornatis nuptiis?
ut illum di immortales omnes deaeque quantum est perduint,
quem propter hodie auri tantum perdidi infelix, miser.
LYC. Bono animo es, bene dice. nunc quae res tibi et gnatae tuae
bene feliciterque vortat—ita di faxint, inquito.
EVCL. Ita di faciant. **LYC.** Et mihi ita di faciant. audi nunciam.
qui homo culpam admisit in se, nullust tam parvi preti,
quom pudeat, quin purget sese. nunc te obtestor, Euclio,
ut si quid ego erga te imprudens peccavi aut gnatam tuam,
ut mi ignoscas eamque uxorem mihi des, ut leges iubent.
ego me iniuriam fecisse filiae fateor tuae,
Cereris vigiliis, per vinum atque impulsu adulescentiae.
EVCL. Ei mihi, quod ego facinus ex te audio? **LYC.** Cur eiulas,
quem ego avom feci iam ut esses filiai nuptiis?
nam tua gnata peperit, decumo mense post: numerum cape;
ea re repudium remisit avonculus causa mea.
i intro, exquaere, sitne ita ut ego praedico. **EVCL.** Perii oppido,
ita mihi ad malum malae res plurimae se adglutinant.
ibo intro, ut quid huius verum sit sciam.— **LYC.** Iam te sequor.
haec propemodum iam esse in vado salutis res videtur.
nunc servom esse ubi dicam meum Strobilum non reperio;
nisi etiam hic opperiar tamen paulisper; postea intro
hunc subsequar. nunc interim spatium ei dabo exquirendi
meum factum ex gnatae pedisequa nutrice anu: ea rem novit.

ACTVS V

STROBILVS Di immortales, quibus et quantis me donatis gaudiis. quadrilibrem aulam auro onustam habeo. quis me est ditior? quis me Athenis nunc magis quisquam est homo cui di sint propitii? **L.** Certo enim ego vocem hic loquentis modo mi audire visus sum. **S.** Hem, erumne ego aspicio meum? **L.** Videon ego hunc servom meum? **S.** Ipsus est. **L.** Haud alius est. **S.** Congrediar. **L.** Contollam gradum. credo ego illum, ut iussi, eampse anum adiisse, huius nutricem virginis.   -
STROB. Quin ego illi me invenisse dico hanc praedam [atque eloquar,] igitur orabo ut manu me emittat. ibo atque eloquar.
Repperi—**LYC.** Quid repperisti? **STROB.** Non quod pueri clamitant in faba se repperisse. **LYC.** Iamne autem, ut soles? deludis.
S. Ere, mane, eloquar iam, ausculta. **L.** Age ergo loquere. **S.** Repperi hodie,
ere, divitias nimias. **L.** Vbinam? **S.** Quadrilibrem, inquam, aulam auri plenam.
LYC. Quod ego facinus audio ex te? Euclioni hic seni subripuit. ubi id est aurum? **STROB.** In arca apud me. nunc volo me emitti manu.
LYC. Egone te emittam manu,
scelerum cumulatissume?
STROB. Abi, ere, scio quam rem geras.
lepide hercle animum tuom temptavi. iam ut eriperes apparabas:
quid faceres, si repperissem? **LYC.** Non potes probasse nugas.
i, redde aurum. **STROB.** Reddam ego aurum? **LYC.** Redde, inquam, ut huic
    reddatur. **STROB.** Vnde?
LYC. Quod modo fassu's esse in arca. **S.** Soleo hercle ego garrire
nugas.
LYC. * ** **STROB.** Ita loquor. **LYC.** At scin quo modo?
* ** **STROB.** Vel hercle enica,
numquam hinc feres a me

CAPTIVI

PERSONAE

ERGASILVS PARASITVS
HEGIO SENEX
LORARIVS
PHILOCRATES ADVLESCENS
TYNDARVS SERVVS
ARISTOPHONTES ADVLESCENS
PVER
PHILOPOLEMVS ADVLESCENS
STALAGMVS SERVVS

ARGVMENTVM

Captust in pugna Hegionis filius;
Alium quadrimum fugiens servus vendidit.
Pater captivos commercatur Aleos,
Tantum studens ut natum captum recuperet;
Et inibi emit olim amissum filium.
Is suo cum domino veste versa ac nomine
Vt amittatur fecit: ipsus plectitur;
Et is reduxit captum, et fugitavum simul,
Indicio cuius alium agnoscit filium.

PROLOGVS

Hos quos videtis stare hic captivos duos,
illi qui astant, hi stant ambo, non sedent;
hoc vos mihi testes estis me verum loqui.
senex qui hic habitat Hegio est huius pater.
sed is quo pacto serviat suo sibi patri,
id ego hic apud vos proloquar, si operam datis.
seni huic fuerunt filii nati duo;
alterum quadrimum puerum servos surpuit
eumque hinc profugiens vendidit in Alide
patri huius. iam hoc tenetis? *** optume est.
negat hercle ille ultimus. accedito.

si non ubi sedeas locus est, est ubi ambules,
quando histrionem cogis mendicarier.
ego me tua causa, ne erres, non rupturus sum.
vos qui potestis ope vestra censerier,
accipite relicuom: alieno uti nil moror.
fugitivos ille, ut dixeram ante, huius patri
domo quem profugiens dominum abstulerat vendidit.
is postquam hunc emit, dedit eum huic gnato suo
peculiarem, quia quasi una aetas erat.
hic nunc domi servit suo patri, nec scit pater;
enim vero di nos quasi pilas homines habent.
rationem habetis, quo modo unum amiserit.
postquam belligerant Aetoli cum Aleis,
ut fit in bello, capitur alter filius:
medicus Menarchus emit ibidem in Alide.
coepit captivos commercari hic Aleos,
si quem reperire possit qui mutet suom,
illum captivom: hunc suom esse nescit, qui domist.
et quoniam heri indaudivit, de summo loco
summoque genere captum esse equitem Aleum,
nil pretio parsit, filio dum parceret:
reconciliare ut facilius posset domum,
emit hosce e praeda ambos de quaestoribus.
hisce autem inter sese hunc confinxerunt dolum,
quo pacto hic servos suom erum hinc amittat domum.
itaque inter se commutant vestem et nomina;
illic vocatur Philocrates, hic Tyndarus:
huius illic, hic illius hodie fert imaginem.
et hic hodie expediet hanc docte fallaciam,
et suom erum faciet libertatis compotem,
eodemque pacto fratrem servabit suom
reducemque faciet liberum in patriam ad patrem,
imprudens: itidem ut saepe iam in multis locis
plus insciens quis fecit quam prudens boni.
sed inscientes sua sibi fallacia
ita compararunt et confinxerunt dolum
itaque hi commenti, de sua sententia
ut in servitute hic ad suom maneat patrem:
ita nunc ignorans suo sibi servit patri;
homunculi quanti sunt, quom recogito!
haec res agetur nobis, vobis fabula.
sed etiam est, paucis vos quod monitos voluerim.
profecto expediet fabulae huic operam dare.
non pertractate facta est neque item ut ceterae:

neque spurcidici insunt versus, immemorabiles;
hic neque periurus leno est nec meretrix mala
neque miles gloriosus; ne vereamini,
quia bellum Aetolis esse dixi cum Aleis:
foris illic extra scaenam fient proelia.
nam hoc paene iniquomst, comico choragio
conari desubito agere nos tragoediam.
proin si quis pugnam expectat, litis contrahat:
valentiorem nactus adversarium
si erit, ego faciam ut pugnam inspectet non bonam,
adeo ut spectare postea omnis oderit.
abeo. valete, iudices iustissimi
domi duellique duellatores optumi.

ACTVS I

ERGASILVS Iuventus nomen indidit Scorto mihi,
eo quia invocatus soleo esse in convivio.
scio absurde dictum hoc derisores dicere,
at ego aio recte. nam scortum in convivio
sibi amator, talos quom iacit, scortum invocat.
estne invocatum an non <est? est> planissume;
verum hercle vero nos parasiti planius,
quos numquam quisquam neque vocat neque invocat.
quasi mures semper edimus alienum cibum;
ubi res prolatae sunt, quom rus homines eunt,
simul prolatae res sunt nostris dentibus.
quasi, cum caletur, cocleae in occulto latent,
suo sibi suco vivont, ros si non cadit,
item parasiti rebus prolatis latent
in occulto miseri, victitant suco suo,
dum ruri rurant homines quos ligurriant.
prolatis rebus parasiti venatici
sumus, quando res redierunt, molossici
odiosicique et multum incommodestici.
et hic quidem hercle, nisi qui colaphos perpeti
potest parasitus frangique aulas in caput,
[vel] ire extra portam Trigeminam ad saccum licet.
quod mihi ne eveniat, non nullum periculum est.
nam postquam meus rex est potitus hostium—
ita nunc belligerant Aetoli cum Aleis;
nam Aetolia haec est, illic est captus in Alide,
Philopolemus, huius Hegionis filius
senis, qui hic habitat, quae aedes lamentariae

mihi sunt, quas quotienscumque conspicio fleo;
nunc hic occepit quaestum hunc fili gratia
inhonestum et maxime alienum ingenio suo:
homines captivos commercatur, si queat
aliquem invenire, suom qui mutet filium.
quod quidem ego nimis quam cupio *** ut impetret;
nam ni illum recipit, nihil est quo me recipiam.
<nam> nulla est spes iuventutis, sese omnis amant;
ille demum antiquis est adulescens moribus,
cuius numquam voltum tranquillavi gratiis.
condigne pater est eius moratus moribus.
nunc ad eum pergam. sed aperitur ostium,
unde saturitate saepe ego exii ebrius.

I.ii

HEGIO Advorte animum sis tu: istos captivos duos,
heri quos emi de praeda a quaestoribus,
eis indito catenas singularias
istas, maiores, quibus sunt iuncti, demito;
sinito ambulare, si foris si intus volent,
sed uti adserventur magna diligentia.
liber captivos avis ferae consimilis est:
semel fugiendi si data est occasio,
satis est, numquam postilla possis prendere.
LORARIVS Omnes profecto liberi lubentius
sumus quam servimus. **HEG.** Non videre ita tu quidem.
LOR. Si non est quod dem, mene vis dem ipse—in pedes?
HEG. Si dederis, erit extemplo mihi quod dem tibi.
LOR. Avis me ferae consimilem faciam, ut praedicas.
HEG. Ita ut dicis: nam si faxis, te in caveam dabo.
sed satis verborumst. cura quae iussi atque abi.
ego ibo ad fratrem ad alios captivos meos,
visam ne nocte hac quippiam turbaverint.
inde me continuo recipiam rursum domum.
ERG. Aegre est mi, hunc facere quaestum carcerarium
propter sui gnati miseriam miserum senem.
sed si ullo pacto ille huc conciliari potest,
vel carnificinam hunc facere possum perpeti.
HEG. Quis hic loquitur? **ERG.** Ego, qui tuo maerore maceror,
macesco, consenesco et tabesco miser;
ossa atque pellis sum miser a macritudine;
neque umquam quicquam me iuvat quod edo domi:
foris aliquantillum etiam quod gusto, id beat.

HEG. Ergasile, salve. **ERG.** Di te bene ament, Hegio.
HEG. Ne fle. **ERG.** Egone illum non fleam? egon non defleam
Talem adulescentem? **HEG.** Semper sensi, filio
meo te esse amicum, et illum intellexi tibi.
ERG. Tum denique homines nostra intellegimus bona,
quom quae in potestate habuimus, ea amisimus.
ego, postquam gnatus tuos potitust hostium,
expertus quanti fuerit nunc desidero.
HEG. Alienus cum eius incommodum tam aegre feras,
quid me patrem par facerest, cui ille est unicus?
ERG. Alienus ego? alienus illi? aha, Hegio,
numquam istuc dixis neque animum induxis tuom;
tibi ille unicust, mi etiam unico magis unicus.
HEG. Laudo, malum cum amici tuom ducis malum.
nunc habe bonum animum. **ERG.** Eheu, huic illud dolet,
quia nunc remissus est edendi exercitus.
HEG. Nullumne interea nactu's, qui posset tibi
remissum quem dixti imperare exercitum?
ERG. Quid credis? fugitant omnes hanc provinciam,
quoi optigerat postquam captust Philopolemus tuos.
HEG. Non pol mirandum est fugitare hanc provinciam.
multis et multigeneribus opus est tibi
militibus: primumdum opus est Pistorensibus;
eorum sunt aliquot genera Pistorensium:
opus Paniceis est, opus Placentinis quoque;
opus Turdetanis, opust Ficedulensibus;
iam maritumi omnes milites opus sunt tibi.
ERG. Vt saepe summa ingenia in occulto latent;
hic qualis imperator nunc privatus est.
HEG. Habe modo bonum animum, nam illum confido domum
in his diebus me reconciliassere.
nam eccum hic captivom adulescentem <intus> Aleum,
prognatum genere summo et summis ditiis:
hoc illum me mutare confido pote.
ERG. Ita di deaeque faxint. sed num quo foras
vocatus <es> ad cenam? **HEG.** Nusquam, quod sciam.
sed quid tu id quaeris? **ERG.** Quia mi est natalis dies;
propterea te vocari ad te ad cenam volo.
HEG. Facete dictum. sed si pauxillo potes
contentus esse. **ERG.** Ne perpauxillum modo,
nam istoc me assiduo victu delecto domi;
age sis, roga emptum: nisi qui meliorem adferet
quae mi atque amicis placeat condicio magis,
quasi fundum vendam, meis me addicam legibus.

HEG. Profundum vendis tu quidem, haud fundum, mihi.
sed si venturu's, temperi. **ERG.** Em, vel iam otium est.
HEG. I modo, venare leporem: nunc irim tenes;
nam meus scruposam victus commetat viam.
ERG. Numquam istoc vinces me, Hegio, ne postules:
cum calceatis dentibus veniam tamen.
HEG. Asper meus victus sane est. **ERG.** Sentisne essitas?
HEG. Terrestris cena est. **ERG.** Sus terrestris bestia est.
HEG. Multis holeribus. **ERG.** Curato aegrotos domi.
numquid vis? **HEG.** Venias temperi. **ERG.** Memorem mones.—
HEG. Ibo intro atque intus subducam ratiunculam,
quantillum argenti mi apud trapezitam siet.
ad fratrem, quo ire dixeram, mox ivero.—

ACTVS II

LORARII Si di immortales id voluerunt, vos hanc aerumnam exsequi,
decet id pati animo aequo: si id facietis, levior labos erit.
domi fuistis, credo, liberi:
nunc servitus si evenit, ei vos morigerari mos bonust
et erili imperio eamque ingeniis vostris lenem reddere.
indigna digna habenda sunt, erus quae facit.
CAPTIVI Oh oh oh.   a
LOR. Eiulatione haud opus est, oculis haud lacrimantibus:
in re mala animo si bono utare, adiuvat.
TYNDARVS At nos pudet, quia cum catenis sumus. **LOR.** At pigeat postea
nostrum erum, si vos eximat vinculis,
aut solutos sinat, quos argento emerit.
TYND. Quid a nobis metuit? scimus nos
nostrum officium quod est, si solutos sinat.
LOR. At fugam fingitis: sentio quam rem agitis.
PHILOCRATES Nos fugiamus? quo fugiamus? **L.** In patriam. **P.** Apage, haud
  nos id deceat,
fugitivos imitari. **LOR.** Immo edepol, si erit occasio, haud
dehortor.
TYND. Vnum exorare vos sinite nos. **LOR.** Quidnam id est?
TYND. Vt sine hisce arbitris
atque vobis nobis detis locum loquendi.
LOR. Fiat. abscedite hinc: nos concedamus huc.
sed brevem orationem incipisse.
TYND. Em istuc mihi certum erat. concede huc.   a
LOR. Abite ab istis. **TYND.** Obnoxii ambo
vobis sumus propter hanc rem, quom quae volumus nos

33

copia est ea facitis nos compotes.
PHIL. Secede huc nunciam, si videtur, procul,
ne arbitri dicta nostra arbitrari queant
neu permanet palam haec nostra fallacia.
nam doli non doli sunt, nisi astu colas,
sed malum maxumum, si id palam provenit.
nam si erus mihi es tu atque ego me tuom esse servom assimulo,
tamen viso opust, cauto est opus, ut hoc sobrie sineque arbitris
accurate agatur, docte et diligenter;
tanta incepta res est: haud somniculose hoc
agendum est. **TYND.** Ero ut me voles esse. **PHIL.** Spero.
TYND. Nam tu nunc vides pro tuo caro capite
carum offerre <me> meum caput vilitati.
PHIL. Scio. **TYND.** At scire memento, quando id quod voles habebis;
nam fere maxima pars morem hunc homines habent: quod sibi volunt,
dum id impetrant, boni sunt;
sed id ubi iam penes sese habent,
ex bonis pessimi et fraudulentissimi
fiunt: nunc ut mihi te volo esse autumo.
[quod tibi suadeam, suadeam meo patri.]
PHIL. Pol ego si te audeam, meum patrem nominem:
nam secundum patrem tu es pater proximus.
TYND. Audio. **PHIL.** Et propterea saepius te uti memineris
moneo:
non ego erus tibi, sed servos sum; nunc obsecro te hoc unum—
quoniam nobis di immortales animum ostenderunt suom,
ut qui erum me tibi fuisse atque esse conservom velint,
quom antehac pro iure imperitabam meo, nunc te oro per precem—
per fortunam incertam et per mei te erga bonitatem patris,
perque conservitium commune, quod hostica evenit manu,
ne me secus honore honestes quam quom servibas mihi,
atque ut qui fueris et qui nunc sis meminisse ut memineris.
TYND. Scio quidem me te esse nunc et te esse me. **PHIL.** Em istuc si potes
memoriter meminisse, inest spes nobis in hac astutia.

II.ii

HEGIO Iam ego revertar intro, si ex his quae volo exquisivero.
ubi sunt isti quos ante aedis iussi huc produci foras?
PHIL. Edepol tibi ne in quaestione essemus cautum intellego,
ita vinclis custodiisque circum moeniti sumus.
HEG. Qui cavet ne decipiatur, vix cavet, cum etiam cavet;
etiam cum cavisse ratus est, saepe is cautor captus est.
an vero non iusta causa est, ut vos servem sedulo,

quos tam grandi sim mercatus praesenti pecunia?
PHIL. Neque pol tibi nos, quia nos servas, aequomst vitio vortere,
neque te nobis, si abeamus hinc, si fuat occasio.
HEG. Vt vos hic, itidem illic apud vos meus servatur filius.
PHIL. Captus est? **HEG.** Ita. **PHIL.** Non igitur nos soli ignavi fuimus.
HEG. Secede huc. nam sunt quae ex te solo scitari volo.
quarum rerum te falsilocum mi esse nolo. **PHIL.** Non ero
quod sciam. si quid nescibo, id nescium tradam tibi.
TYND. Nunc senex est in tostrina, nunc iam cultros attinet.
ne id quidem, involucrum inicere, voluit, vestem ut ne inquinet.
sed utrum strictimne adtonsurum dicam esse an per pectinem,
nescio; verum, si frugist, usque admutilabit probe.
HEG. Quid tu? servosne esse an liber mavelis, memora mihi.
PHIL. Proxumum quod sit bono quodque a malo longissume,
id volo; quamquam non multum fuit molesta servitus,
nec mihi secus erat quam si essem familiaris filius.
TYND. Eugepae, Thalem talento non emam Milesium,
nam ad sapientiam huius *** nimius nugator fuit.
ut facete orationem ad servitutem contulit.
HEG. Quo de genere natust illic Philocrates? **PHIL.** Polyplusio:
quod genus illi est unum pollens atque honoratissumum.
H. Quid ipsus hic? quo honore est illic? **P.** Summo, atque ab summis viris.
HEG. [Tum igitur ei cum in Aleis tanta gratia est, ut praedicas,]
quid divitiae, suntne opimae? **PHIL.** Vnde excoquat sebum senex.
HEG. Quid pater, vivitne? **PHIL.** Vivom, cum inde abimus, liquimus;
nunc vivat<ne> necne, id Orcum scire oportet scilicet.
TYND. Salva res est, philosophatur quoque iam, non mendax modo est.
HEG. Quid erat ei
nomen? **PHIL.** Thensaurochrysonicochrysides.
HEG. Videlicet propter divitias inditum id nomen quasi est.
PHIL. Immo edepol propter avaritiam ipsius atque audaciam.
[nam ille quidem Theodoromedes fuit germano nomine.]
HEG. Quid tu ais? tenaxne pater est eius? **PHIL.** Immo edepol pertinax;
quin etiam ut magis noscas: Genio suo ubi quando sacruficat,
ad rem divinam quibus est opus, Samiis vasis utitur,
ne ipse Genius surripiat: proinde aliis ut credat vide.
HEG. Sequere hac me igitur. eadem ego ex hoc quae volo exquaesivero.
Philocrates, hic fecit, hominem frugi ut facere oportuit.
nam ego ex hoc quo genere gnatus sis scio, hic fassust mihi;
haec tu eadem si confiteri vis, tua <ex> re feceris:
quae tamen scio scire me ex hoc. **TYND.** Fecit officium hic suom,
cum tibi est confessus verum, quam<quam> volui sedulo
meam nobilitatem occultare et genus et divitias meas,
Hegio; nunc quando patriam et libertatem perdidi,

non ego istunc me potius quam te metuere aequom censeo.
vis hostilis cum istoc fecit meas opes aequabiles;
memini, cum dicto haud audebat: facto nunc laedat licet.
sed viden? fortuna humana fingit artatque ut lubet:
me, qui liber fueram, servom fecit, e summo infimum;
qui imperare insueram, nunc alterius imperio obsequor.
et quidem si, proinde ut ipse fui imperator familiae,
habeam dominum, non verear ne iniuste aut graviter mi imperet.
Hegio, hoc te monitum, nisi forte ipse non vis, voluerim.
HEG. Loquere audacter. **TYND.** Tam ego fui ante liber quam gnatus tuos,
tam mihi quam illi libertatem hostilis eripuit manus,
tam ille apud nos servit, quam ego nunc hic apud te servio.
est profecto deus, qui quae nos gerimus auditque et videt:
is, uti tu me hic habueris, proinde illum illic curaverit;
bene merenti bene profuerit, male merenti par erit.
quam tu filium tuom, tam pater me meus desiderat.
HEG. Memini ego istuc. sed faterin eadem quae hic fassust mihi?
TYND. Ego patri meo esse fateor summas divitias domi
meque summo genere gnatum. sed te optestor, Hegio,
ne tuom animum avariorem faxint divitiae meae:
ne patri, tam etsi sum unicus, decere videatur magis,
me saturum servire apud te sumptu et vestitu tuo
potius quam illi, ubi minime honestumst, mendicantem vivere.
HEG. [Ego virtute deum et maiorum nostrum dives sum satis.]
non ego omnino lucrum omne esse utile homini existimo:
scio ego, multos iam lucrum lutulentos homines reddidit;
est etiam ubi profecto damnum praestet facere quam lucrum.
odi ego aurum: multa multis saepe suasit perperam.
nunc hoc animum advorte, ut ea quae sentio pariter scias.
filius meus illic apud vos servit captus Alide:
eum si reddis mihi, praeterea unum nummum ne duis;
et te et hunc amittam hinc. alio pacto abire non potes.
TYND. Optumum atque aequissumum oras optumusque hominum es homo.
sed is privatam servitutem servit illi an publicam?
HEG. Privatam medici Menarchi. **TYND.** Pol is quidem huius est cliens.
tam hoc quidem tibi in proclivi quam imber est quando pluit.
HEG. Fac is homo ut redimatur. **TYND.** Faciam. sed te id oro, Hegio—
HEG. Quid vis, dum ab re ne quid ores, faciam. **TYND.** Ausculta, tum scies.
ego me amitti, donicum ille huc redierit, non postulo.
verum quaeso ut aestumatum hunc mihi des, quem mittam ad patrem,

ut is homo redimatur illi. **HEG.** Immo alium potius misero
hinc, ubi erunt indutiae, illuc, tuom qui conveniat patrem,
qui tua quae tu iusseris mandata ita ut velis perferat.
TYND. At nihil est ignotum ad illum mittere: operam luseris.
hunc mitte, hic transactum reddet omne, si illuc venerit.
nec quemquam fideliorem neque cui plus credat potes
mittere ad eum nec qui magis sit servos ex sententia,
neque adeo cui suom concredat filium hodie audacius.
ne vereare, meo periclo huius ego experiar fidem,
fretus ingenio eius, quod me esse scit erga se benevolum.
HEG. Mittam equidem istunc aestumatum tua fide, si vis. **TYND.** Volo;
quam citissime potest, tam hoc cedere ad factum volo.
HEG. Num quae causa est quin, si ille huc non redeat, viginti minas
mihi des pro illo? **TYND.** Optuma immo. **HEG.** Solvite istum nunciam,
atque utrumque. **TYND.** Di tibi omnis omnia optata offerant,
cum me tanto honore honestas cumque ex vinclis eximis.
hoc quidem haud molestumst, iam quod collus collari caret.
HEG. Quod bonis bene fit beneficium, gratia ea gravida est bonis.
nunc tu illum si illo es missurus, dice monstra praecipe
quae ad patrem vis nuntiari. vin vocem huc ad te? **TYND.** Voca.

II.iii

HEG. Quae res bene vortat mihi meoque filio
vobisque, volt te novos erus operam dare
tuo veteri domino, quod is velit, fideliter.
nam ego te aestumatum huic dedi viginti minis,
hic autem te ait mittere hinc velle ad patrem,
meum ut illic redimat filium, mutatio
inter me atque illum ut nostris fiat filiis.
PHIL. Vtroque vorsum rectumst ingenium meum,
ad te atque ad illum; pro rota me uti licet:
vel ego huc vel illuc vortar, quo imperabitis.
HEG. Tute tibi tuopte ingenio prodes plurumum,
cum servitutem ita fers ut ferri decet.
sequere. em tibi hominem. **TYND.** Gratiam habeo tibi,
quom copiam istam mi et potestatem facis,
ut ego ad parentes hunc remittam nuntium,
qui me quid rerum hic agitem et quid fieri velim
patri meo, ordine omnem rem, illuc perferat.
nunc ita convenit inter me atque hunc, Tyndare,
ut te aestumatum in Alidem mittam ad patrem,
si non rebitas huc, ut viginti minas
dem pro te. **PHIL.** Recte convenisse sentio.

nam pater expectat aut me aut aliquem nuntium,
qui hinc ad se veniat. **TYND.** Ergo animum advortas volo
quae nuntiare hinc te volo in patriam ad patrem.
PHIL. Philocrates, ut adhuc locorum feci, faciam sedulo,
ut potissimum quod in rem recte conducat tuam,
id petam idque persequar corde et animo atque viribus.
TYND. Facis ita ut te facere oportet. nunc animum advortas volo:
omnium primum salutem dicito matri et patri
et cognatis et si quem alium benevolentem videris;
me hic valere et servitutem servire huic homini optumo,
qui me honore honestiorem semper fecit et facit.
PHIL. Istuc ne praecipias, facile memoria memini tamen.
TYND. Nam equidem, nisi quod custodem habeo, liberum me esse
arbitror.
dicito patri, quo pacto mihi cum hoc convenerit
de huius filio. **PHIL.** Quae memini, mora mera est monerier.
TYND. Vt eum redimat et remittat nostrum huc amborum vicem.
PHIL. Meminero. **H.** At quamprimum pote: istuc in rem utriquest maxime.
PHIL. Non tuom tu magis videre quam ille suom gnatum cupit.
HEG. Meus mihi, suos cuique est carus. **PHIL.** Numquid aliud vis patri
nuntiari? **TYND.** Me hic valere et—tute audacter dicito,
Tyndare—inter nos fuisse ingenio haud discordabili,
neque te commeruisse culpam—neque me adversatum tibi—
beneque ero gessisse morem in tantis aerumnis tamen;
neque med umquam deseruisse te neque factis neque fide,
rebus in dubiis egenis. haec pater quando sciet,
Tyndare, ut fueris animatus erga suom gnatum atque se,
numquam erit tam avarus, quin te gratiis emittat manu
et mea opera, si hinc rebito, faciam ut faciat facilius.
nam tua opera et comitate et virtute et sapientia
fecisti ut redire liceat ad parentis denuo,
cum apud hunc confessus es et genus et divitias meas:
quo pacto emisisti e vinclis tuom erum tua sapientia.
PHIL. Feci ego ista ut commemoras, et te meminisse id gratum est mihi.
merito tibi ea evenerunt a me; nam nunc, Philocrates,
si ego item memorem quae me erga multa fecisti bene,
nox diem adimat; nam quasi servos meus esses, nihilo setius
<tu> mihi obsequiosus semper fuisti. **HEG.** Di vostram fidem,
hominum ingenium liberale. ut lacrumas excutiunt mihi.
videas corde amare inter se. quantis <lautus> laudibus
suom erum servos collaudavit. **TYND.** Pol istic me haud centesimam
partem laudat quam ipse meritust ut laudetur laudibus.
HEG. Ergo cum optume fecisti, nunc adest occasio
bene facta cumulare, ut erga hunc rem geras fideliter.

PHIL. Magis non factum possum velle, quam opera experiar persequi;
id ut scias, Iovem supremum testem laudo, Hegio,
me infidelem non futurum Philocrati. **HEG.** Probus es homo.
PHIL. Nec me secus umquam ei facturum quicquam quam memet mihi.
TYND. Istaec dicta te experiri et operis et factis volo;
et, quo minus dixi quam volui de te, animum advortas volo,
atque horunc verborum causa caveto mi iratus fuas;
sed, te quaeso, cogitato hinc mea fide mitti domum
te aestimatum, et meam esse vitam hic pro te positam pignori,
ne tu me ignores, quom extemplo meo e conspectu abscesseris,
quom me servom in servitute pro ted hic relinqueris,
tuque te pro libero esse ducas, pignus deseras
neque des operam pro me ut huius reducem facias filium;
[scito te hinc minis viginti aestumatum mittier.]
fac fidelis sis fideli, cave fidem fluxam geras:
nam pater, scio, faciet quae illum facere oportet omnia;
serva tibi in perpetuom amicum me, atque hunc inventum inveni.
haec per dexteram tuam te dextera retinens manu
opsecro, infidelior mihi ne fuas quam ego sum tibi.
tu hoc age. tu mihi erus nunc es, tu patronus, tu pater,
tibi commendo spes opesque meas. **PHIL.** Mandavisti satis.
satin habes, mandata quae sunt facta si refero? **TYND.** Satis.
PHIL. Et tua et tua huc ornatus reveniam ex sententia.
numquid aliud? **TYND.** Vt quam primum possis redeas. **PHIL.** Res monet.
HEG. Sequere me, viaticum ut dem a trapezita tibi,
eadem opera a praetore sumam syngraphum. **TYND.** Quem syngraphum?
HEG. Quem hic ferat secum ad legionem, hinc ire huic ut liceat domum.
tu intro abi. **T.** Bene ambulato.—**P.** Bene vale. **H.** Edepol rem meam
constabilivi, quom illos emi de praeda a quaestoribus;
expedivi ex servitute filium, si dis placet.
at etiam dubitavi, hos homines emerem an non emerem, diu.
servate istum sultis intus, servi, ne quoquam pedem
ecferat sine custodela. <iam> ego apparebo domi;
ad fratrem modo captivos alios inviso meos,
eadem percontabor, ecquis hunc adulescentem noverit.
sequere tu, te ut amittam; ei rei primum praevorti volo.—

ACTVS III

ERGASILVS Miser homo est, qui ipse sibi quod edit quaerit et id aegre invenit,
sed ille est miserior, qui et aegre quaerit et nihil invenit;
ille miserrimust, qui cum esse cupit, tum quod edit non habet.
nam hercle ego huic die, si liceat, oculos effodiam libens,

ita malignitate oneravit omnis mortalis mihi;
neque ieiuniosiorem neque magis ecfertum fame
vidi nec quoi minus procedat quidquid facere occeperit,
ita venter gutturque resident esurialis ferias.
ilicet parasiticae arti maximam malam crucem,
ita iuventus iam ridiculos inopesque ab se segregat.
nil morantur iam Lacones unisubselli viros,
plagipatidas, quibus sunt verba sine penu et pecunia:
eos requirunt, qui libenter, quom ederint, reddant domi;
ipsi obsonant, quae parasitorum ante erat provincia,
ipsi de foro tam aperto capite ad lenones eunt
quam in tribu aperto capite sontes condemnant reos;
neque ridiculos iam terrunci faciunt, sese omnes amant.
nam uti dudum hinc abii, accessi ad adulescentes in foro.
'salvete' inquam. 'quo imus una' inquam 'ad prandium?' atque illi tacent.
'quis ait "hoc" aut quis profitetur?' inquam. quasi muti silent,
neque me rident. 'ubi cenamus?' inquam. atque illi abnuont.
dico unum ridiculum dictum de dictis melioribus,
quibus solebam menstruales epulas ante adipiscier:
nemo ridet; scivi extemplo rem de compecto geri;
ne canem quidem irritatam voluit quisquam imitarier,
saltem, si non arriderent, dentes ut restringerent.
abeo ab illis, postquam video me sic ludificarier;
pergo ad alios, venio ad alios, deinde ad alios: una res.
omnes <de> compecto rem agunt, quasi in Velabro olearii.
nunc redeo inde, quoniam me ibi video ludificarier.
item alii parasiti frustra obambulabant in foro.
nunc barbarica lege certumst ius meum omne persequi:
qui consilium iniere, quo nos victu et vita prohibeant,
is diem dicam, irrogabo multam, ut mihi cenas decem
meo arbitratu dent, cum cara annona sit. sic egero.
nunc ibo ad portum hinc: est illic mi una spes cenatica;
si ea decolabit, redibo huc ad senem ad cenam asperam.—

III.ii

HEGIO Quid est suavius, quam bene rem gerere,
bono publico, sic ut ego feci heri,
cum emi hosce homines: ubi quisque vident,
eunt obviam gratulanturque eam rem.
ita me miserum restitando
retinendoque lassum reddiderunt:
vix ex gratulando miser iam eminebam.
tandem abii ad praetorem; ibi vix requievi:

rogo syngraphum, datur mi ilico; dedi Tyndaro: ille abiit domum.
inde ilico praevortor domum, postquam id actum est;
eo protinus ad fratrem, mei ubi sunt alii captivi.
rogo, Philocratem ex Alide ecquis hominum
noverit: tandem hic exclamat, eum sibi esse sodalem;
dico eum esse apud me; hic extemplo orat obsecratque,
eum sibi ut liceat videre:
iussi ilico hunc exsolvi. nunc tu sequere me,
ut quod me oravisti impetres, eum hominem uti convenias.— -

III.iii

TYNDARVS Nunc illud est, cum me fuisse quam esse nimio mavelim:
nunc spes opes auxiliaque a me segregant spernuntque se.
hic illest dies, cum nulla vitae meae salus sperabilest,
neque exilium exitio est neque adeo spes, quae mi hunc aspellat metum,
nec subdolis mendaciis mihi usquam mantellum est meis,
[nec sycophantiis nec fucis ullum mantellum obviam est]
neque deprecatio perfidiis meis nec male factis fuga est,
nec confidentiae usquam hospitium est nec deverticulum dolis:
operta quae fuere aperta sunt, patent praestigiae,
omnis res palam est, neque de hac re negotium est,
quin male occidam oppetamque pestem eri vicem meamque.
perdidit me Aristophontes hic qui venit modo intro:
is me novit, is sodalis Philocrati et cognatus est.
neque iam Salus servare, si volt, me potest, nec copia est,
nisi si aliquam corde machinor astutiam.
quam, malum? quid machiner? quid comminiscar? maxumas
nugas ineptus incipisso. Haereo.

III.iv

HEGIO Quo illum nunc hominem proripuisse foras se dicam ex aedibus?
TYND. Nunc enim vero ego occidi: eunt ad te hostes, Tyndare.
quid loquar? quid fabulabor? quid negabo aut quid fatebor?
mihi res omnis in incerto sita est. quid rebus confidam meis?
utinam te di prius perderent, quam periisti e patria tua,
Aristophontes, qui ex parata re imparatam omnem facis.
occisa est haec res, nisi reperio atrocem mi aliquam astutiam.
HEG. Sequere. em tibi hominem. adi, atque adloquere. **TYND.** Quis homo est me hominum miserior?
ARISTOPHONTES Quid istuc est quod meos te dicam fugitare oculos, Tyndare,
proque ignoto me aspernari, quasi me numquam noveris?

equidem tam sum servos quam tu, etsi ego domi liber fui,
tu usque a puero servitutem servivisti in Alide.
HEG. Edepol minime miror, si te fugitat aut oculos tuos,
aut si te odit, qui istum appelles Tyndarum pro Philocrate.
TYND. Hegio, hic homo rabiosus habitus est in Alide,
ne tu quod istic fabuletur auris immittas tuas.
nam istic hastis insectatus est domi matrem et patrem,
et illic isti qui insputatur morbus interdum venit.
proin tu ab istoc procul recedas. **HEG.** Vltro istum a me. **A.** Ain, verbero?
me rabiosum atque insectatum esse hastis meum memoras patrem,
et eum morbum mi esse, ut qui me opus sit insputarier?
HEG. Ne verere, multos iste morbus homines macerat,
quibus insputari saluti fuit atque is profuit.
ARIST. Quid tu autem? etiam huic credis? **HEG.** Quid ego credam huic?
   ARIST. Insanum esse me?
TYND. Viden tu hunc, quam inimico voltu intuetur? concedi optumumst,
Hegio: fit quod tibi ego dixi, gliscit rabies, cave tibi.
HEG. Credidi esse insanum extemplo, ubi te appellavit Tyndarum.
TYND. Quin suom ipse interdum ignorat nomen neque scit qui siet.
HEG. At etiam te suom sodalem esse aibat. **TYND.** Haud vidi magis.
et quidem Alcumeus atque Orestes et Lycurgus postea
una opera mihi sunt sodales qua iste. **ARIST.** At etiam, furcifer,
male loqui mi audes? non ego te novi? **HEG.** Pol planum id quidem est,
non novisse, qui istum appelles Tyndarum pro Philocrate.
quem vides, eum ignoras: illum nominas quem non vides.
ARIST. Immo iste eum sese ait, qui non est, esse, et qui vero est, negat.
TYND. Tu enim repertu's, Philocratem qui superes veriverbio.
ARIST. Pol ego ut rem video, tu inventu's, vera vanitudine
qui convincas. sed quaeso hercle, agedum aspice ad
me. **TYND.** Em.   **ARIST.** Dic modo:
tun negas te Tyndarum esse? **T.** Nego, inquam. **A.** Tun te Philocratem
esse ais? **TYND.** Ego, inquam. **ARIST.** Tune huic credis? **HEG.** Plus quidem
quam tibi aut mihi.
nam ille quidem, quem tu hunc memoras esse, hodie hinc abiit Alidem
ad patrem huius. **ARIST.** Quem patrem, qui servos est? **T.** Et tu quidem
servos es, liber fuisti, et ego me confido fore,
si huius huc reconciliasso in libertatem filium.
ARIST. Quid ais, furcifer? tun te gnatum <esse> memoras liberum?
TYND. Non equidem me Liberum, sed Philocratem esse aio. **A.** Quid est?
ut scelestus, Hegio, nunc iste <te> ludos facit.
nam is est servos ipse, neque praeter se umquam ei servos fuit.
TYND. Quia tute ipse eges in patria nec tibi qui vivas domist,
omnis inveniri similis tui vis; non mirum facis:
est miserorum, ut malevolentes sint atque invideant bonis.

ARIST. Hegio, vide sis, ne quid tu huic temere insistas credere.
atque, ut perspicio, profecto iam aliquid pugnae edidit.
filium tuom quod redimere se ait, id ne utiquam mihi placet.
TYND. Scio te id nolle fieri; efficiam tamen ego id, si di adiuvant.
illum restituam huic, hic autem in Alidem me meo patri.
propterea ad patrem hinc amisi Tyndarum. **ARIST.** Quin tute is es:
neque praeter te in Alide ullus servos istoc nominest.
TYND. Pergin servom me exprobrare esse, id quod vi hostili optigit?
ARIST. Enim iam nequeo contineri. **T.** Heus, audin quid ait? quin fugis?
iam illic hic nos insectabit lapidibus, nisi illunc iubes
comprehendi. **ARIST.** Crucior. **TYND.** Ardent oculi: fit opus, Hegio;
viden tu illi maculari corpus totum maculis luridis?
atra bilis agitat hominem. **ARIST.** At pol te, si hic sapiat senex,
pix atra agitet apud carnificem tuoque capiti inluceat.
TYND. Iam deliramenta loquitur, laruae stimulant virum.
hercle qui, si hunc comprehendi iusseris, sapias magis.
ARIST. Crucior, lapidem non habere me, ut illi mastigiae
cerebrum excutiam, qui me insanum verbis concinnat suis.
TYND. Audin lapidem quaeritare? **ARIST.** Solus te solum volo,
Hegio. **HEG.** Istinc loquere, si quid vis, procul. tamen audiam.
TYND. Namque edepol si adbites propius, os denasabit tibi
mordicus. **ARIST.** Neque pol me insanum, Hegio, esse creduis
neque fuisse umquam, neque esse morbum quem istic autumat.
verum si quid metuis a me, iube me vinciri: volo,
dum istic itidem vinciatur. **TYND.** Immo enim vero, Hegio,
istic, qui volt, vinciatur. **ARIST.** Tace modo. ego te, Philocrates
false, faciam ut verus hodie reperiare Tyndarus.
quid mi abnutas? **TYND.** Tibi ego abnuto? **A.** Quid agat, si absis longius?
HEG. Quid ais? quid si adeam hunc insanum? **TYND.** Nugas. ludificabitur,
garriet quoi neque pes umquam neque caput compareat.
ornamenta absunt: Aiacem, hunc cum vides, ipsum vides.
HEG. Nihili facio. tamen adibo. **TYND.** Nunc ego omnino occidi,
nunc ego inter sacrum saxumque sto, nec quid faciam scio.
HEG. Do tibi operam, Aristophontes, si quid est quod me velis.
ARIST. Ex me audibis vera quae nunc falsa opinare, Hegio.
sed hoc primum, me expurigare tibi volo, me insaniam
neque tenere neque mi esse ullum morbum, nisi quod servio.
at ita me rex deorum atque hominum faxit patriae compotem,
ut istic Philocrates non magis est quam aut ego aut tu. **H.** Eho dic mihi,
quis illic igitur est? **ARIST.** Quem dudum dixi a principio tibi.
hoc si secus reperies, nullam causam dico quin mihi
et parentum et libertatis apud te deliquio siet.
H. Quid tu ais? **T.** Me tuom esse servom et te meum erum. **H.** Haud istuc
rogo.

fuistin liber? **TYND.** Fui. **ARIST.** Enim vero non fuit, nugas agit.
TYND. Qui tu scis? an tu fortasse fuisti meae matri obstetrix,
qui id tam audacter dicere audes? **ARIST.** Puerum te vidi puer.
TYND. At ego te video maior maiorem: em rursum tibi.
meam rem non cures, si recte facias. num ego curo tuam?
HEG. Fuitne huic pater Thensaurochrysonicochrysides?
ARIST. Non fuit, neque ego istuc nomen umquam audivi ante hunc diem.
Philocrati Theodoromedes fuit pater. **TYND.** Pereo probe.
quin quiescis? <i> dierectum cor meum, ac suspende te.
tu sussultas, ego miser vix asto prae formidine.
HEG. Satin istuc mihi exquisitum est, fuisse hunc servom in Alide
neque esse hunc Philocratem? **A.** Tam satis quam numquam hoc invenies
secus.
sed ubi is nunc est? **HEG.** Vbi ego minime atque ipsus se volt
maxume.
sed vide sis. **ARIST.** Quin exploratum dico et provisum hoc tibi.
HEG. Certon? **ARIST.** Quin nihil, inquam, invenies magis hoc certo certius.
Philocrates iam inde usque amicus fuit mihi a puero puer.
HEG. Tum igitur ego deruncinatus, deartuatus sum miser
huius scelesti techinis, qui me ut lubitum est ductavit dolis.
sed qua faciest tuos sodalis Philocrates? **ARIST.** Dicam tibi:
macilento ore, naso acuto, corpore albo, oculis nigris,
subrufus aliquantum, crispus, cincinnatus. **HEG.** Convenit.
TYND. Vt quidem hercle in medium ego hodie pessume processerim.
vae illis virgis miseris, quae hodie in tergo morientur meo.
HEG. Verba mihi data esse video. **TYND.** Quid cessatis, compedes,
currere ad me meaque amplecti crura, ut vos custodiam?
HEG. Satin med illi hodie scelesti capti ceperunt dolo?
illic servom se assimulabat, hic sese autem liberum.
nuculeum amisi, retinui pignori putamina.
ita mihi stolido sursum versum os sublevere offuciis.
hic quidem me numquam irridebit. Colaphe, Cordalio, Corax,
ite istinc, ecferte lora.

III.v

COLAPHVS Num lignatum mittimur?
HEG. Inicite huic manicas *** mastigiae.
TYND. Quid hoc est negoti? quid ego deliqui? **HEG.** Rogas,
sator sartorque scelerum, et messor maxume?
TYND. Non occatorem dicere audebas prius?
nam semper occant prius quam sariunt rustici.
HEG. At ut confidenter *** mihi contra astitit.
TYND. Decet innocentem servom atque innoxium

confidentem esse, suom apud erum potissimum.
HEG. Adstringite isti sultis vehementer manus.
TYND. Tuos sum, tu has quidem vel praecidi iube.
sed quid negoti est, quam ob rem suscenses mihi?
HEG. Quia me meamque rem, quod in te uno fuit,
tuis scelestis falsidicis fallaciis
deartuasti dilaceravisti atque opes
confecisti omnes, res ac rationes meas:
ita mi exemisti Philocratem fallaciis.
illum esse servom credidi, te liberum;
ita vosmet aiebatis itaque nomina
inter vos permutastis. **TYND.** Fateor, omnia
facta esse ita ut <tu> dicis, et fallaciis
abiisse eum abs te mea opera atque astutia;
an, obsecro hercle te, id nunc suscenses mihi?
HEG. At cum cruciatu maxumo id factumst tuo.
TYND. Dum ne ob male facta, peream, parvi aestumo.
si ego hic peribo, ast ille ut dixit non redit,
at erit mi hoc factum mortuo memorabile,
<me> meum erum captum ex servitute atque hostibus
reducem fecisse liberum in patriam ad patrem,
meumque potius me caput periculo
praeoptavisse, quam is periret, ponere.
HEG. Facito ergo ut Acherunti clueas gloria.
TYND. Qui per virtutem, periit, at non interit.
HEG. Quando ego te exemplis pessumis cruciavero
atque ob sutelas tuas te morti misero,
vel te interiisse vel periisse praedicent;
dum pereas, nihil intererit: dicant vivere.
TYND. Pol si istuc faxis, haud sine poena feceris,
si ille huc rebitet, sicut confido affore.
ARIST. Pro di immortales, nunc ego teneo, nunc scio
quid hoc sit negoti. meus sodalis Philocrates
in libertate est ad patrem in patria. bene est,
nec quisquam est mihi, aeque melius cui velim.
sed hoc mihi aegre est, me huic dedisse operam malam,
qui nunc propter me meaque verba vinctus est.
HEG. Votuin te quicquam mi hodie falsum proloqui?
TYND. Votuisti. **HEG.** Cur es ausus mentiri mihi?
TYND. Quia vera obessent illi quoi operam dabam:
nunc falsa prosunt. **HEG.** At tibi oberunt. **TYND.** Optumest.
at erum servavi, quem servatum gaudeo,
cui me custodem addiderat erus maior meus.
sed malene id factum arbitrare? **HEG.** Pessume.

TYND. At ego aio recte, qui abs te sorsum sentio.
nam cogitato, si quis hoc gnato tuo
tuos servos faxit, qualem haberes gratiam?
emitteresne necne eum servom manu?
essetne apud te is servos acceptissimus?
responde. **HEG.** Opinor. **TYND.** Cur ergo iratus mihi es?
HEG. Quia illi fuisti quam mihi fidelior.
TYND. Quid? tu una nocte postulavisti et die
recens captum hominem, nuperum novicium,
te perdocere ut melius consulerem tibi,
quam illi, quicum una <a> puero aetatem exegeram?
HEG. Ergo ab eo petito gratiam istam. ducite,
ubi ponderosas crassas capiat compedes.
inde ibis porro in latomias lapidarias.
ibi quom alii octonos lapides effodiunt, nisi
cotidiano sesquiopus confeceris,
Sescentoplago nomen indetur tibi.
ARIST. Per deos atque homines ego te obtestor, Hegio,
ne tu istunc hominem perduis. **HEG.** Curabitur;
nam noctu nervo vinctus custodibitur,
interdius sub terra lapides eximet:
diu ego hunc cruciabo, non uno absolvam die.
ARIST. Certumne est tibi istuc? **HEG.** Non moriri certius.
abducite istum actutum ad Hippolytum fabrum,
iubete huic crassas compedes impingier;
inde extra portam ad meum libertum Cordalum
in lapicidinas facite deductus siet:
atque hunc me velle dicite ita curarier,
ne qui deterius huic sit quam cui pessume est.
TYND. Cur ego te invito me esse salvom postulem?
periclum vitae meae tuo stat periculo.
post mortem in morte nihil est quod metuam mali.
etsi pervivo usque ad summam aetatem, tamen
breve spatium est perferundi quae minitas mihi.
vale atque salve, etsi aliter ut dicam meres.
tu, Aristophontes, de me ut meruisti, ita vale;
nam mihi propter te hoc optigit. **HEG.** Abducite.
TYND. At unum hoc quaeso, si huc rebitet Philocrates,
ut mi eius facias conveniundi copiam.
HEG. Periistis, nisi hunc iam e conspectu abducitis.
TYND. Vis haec quidem hercle est, et trahi et trudi simul.—
HEG. Illic est abductus recta in phylacam, ut dignus est.
ego illis captivis aliis documentum dabo,
ne tale quisquam facinus incipere audeat.

quod absque hoc esset, qui mihi hoc fecit palam,
usque offrenatum suis me ductarent dolis.
nunc certum est nulli posthac quicquam credere.
satis sum semel deceptus. speravi miser
ex servitute me exemisse filium:
ea spes elapsa est. perdidi unum filium,
puerum quadrimum quem mihi servos surpuit,
neque eum servom umquam repperi neque filium;
maior potitus hostium est. quod hoc est scelus?
quasi in orbitatem liberos produxerim.
sequere hac. reducam te ubi fuisti. neminis
miserere certum est, quia mei miseret neminem.—
ARIST. Exauspicavi ex vinclis. nunc intellego
redauspicandum esse in catenas denuo.—

ACTVS IV

ERGASILVS Iuppiter supreme, servas me measque auges opes,
maximas opimitates opiparasque offers mihi,
laudem lucrum, ludum iocum, festivitatem ferias,
pompam penum, potationis saturitatem, gaudium,
nec cuiquam homini supplicare *** nunc certum est mihi;
nam vel prodesse amico possum vel inimicum perdere,
ita hic me amoenitate amoena amoenus oneravit dies.
sine sacris hereditatem sum aptus effertissimam.
nunc ad senem cursum capessam hunc Hegionem, cui boni
tantum affero quantum ipsus a dis optat, atque etiam amplius.
nunc certa res est, eodem pacto ut comici servi solent
coniciam in collum pallium, primo ex med hanc rem ut audiat;
speroque me ob hunc nuntium aeternum adepturum cibum.

IV.ii

HEGIO Quanto in pectore hanc rem meo magis voluto,
tanto mi aegritudo auctior est in animo.
ad illum modum sublitum os esse mi hodie!
neque id perspicere quivi.
quod cum scibitur, <tum> per urbem inridebor.
cum extemplo ad forum advenero, omnes loquentur:
'hic illest senex doctus, quoi verba data sunt.'
sed Ergasilus estne hic, procul quem video?
conlecto quidem est pallio. quidnam acturust?
ERG. Move aps te moram atque, Ergasile, age hanc rem.
eminor interminorque, ne mi obstiterit obviam

nisi quis satis diu vixisse sese homo arbitrabitur.
nam qui obstiterit, ore sistet. **HEG.** Hic homo pugilatum incipit.
ERG. Facere certumst. proinde ita omnes itinera insistant sua,
ne quis in hanc plateam negoti conferat quicquam sui.
nam meus est ballista pugnus, cubitus catapultast mihi,
umerus aries, tum genu quemque icero ad terram dabo,
dentilegos omnes mortales faciam, quemque offendero.
HEG. Quae illaec eminatiost nam? nequeo mirari satis.
ERG. Faciam ut huius diei locique meique semper meminerit.
[Qui mihi in cursu opstiterit, faxo vitae is extemplo opstiterit suae.]
HEG. Quid hic homo tantum incipissit facere cum tantis minis?
ERG. Prius edico, ne quis propter culpam capiatur suam:
continete vos domi, prohibete a vobis vim meam.
HEG. Mira edepol sunt, ni hic in ventrem sumpsit confidentiam.
vae misero illi, cuius cibo iste factust imperiosior.
ERG. Tum pistores scrofipasci, qui alunt furfuribus sues,
quarum odore praeterire nemo pistrinum potest:
eorum si quoiusquam scrofam in publico conspexero,
ex ipsis dominis meis pugnis exculcabo furfures.
HEG. Basilicas edictiones atque imperiosas habet:
satur homost, habet profecto in ventre confidentiam.
ERG. Tum piscatores, qui praebent populo pisces foetidos,
qui advehuntur quadrupedanti crucianti cantherio,
quorum odos subbasilicanos omnes abigit in forum,
eis ego ora verberabo surpiculis piscariis,
ut sciant, alieno naso quam exhibeant molestiam.
tum lanii autem, qui concinnant liberis orbas oves,
qui locant caedundos agnos et duplam agninam danunt,
qui petroni nomen indunt verveci sectario,
eum ego si in via petronem publica conspexero,
et petronem et dominum reddam mortales miserrumos.
HEG. Eugepae, edictiones aedilicias hic quidem habet,
mirumque adeost ni hunc fecere sibi Aetoli agoranomum.
ERG. Non ego nunc parasitus sum, sed regum rex regalior,
tantus ventri commeatus meo adest in portu cibus.
sed ego cesso hunc Hegionem onerare laetitia senem,
quo homine <hominum> adaeque nemo vivit fortunatior?
HEG. Quae illaec est laetitia, quam illic laetus largitur mihi?
ERG. Heus ubi estis? ecquis <hic est? ecquis> hoc aperit ostium?
H. Hic homo ad cenam recipit se ad me. **E.** Aperite hasce ambas fores
prius quam pultando assulatim foribus exitium adfero.
H. Perlubet hunc hominem colloqui. Ergasile. **E.** Ergasilum qui vocat?
HEG. Respice. **ERG.** Fortuna quod tibi nec facit nec faciet, me iubes.
sed quis est? **HEG.** Respice ad me, Hegio sum. **ERG.** Oh mihi,

quantum est hominum optumorum optume, in tempore advenis.
HEG. Nescio quem ad portum nactus es ubi cenes, eo fastidis.
E. Cedo manum. **H.** Manum? **E.** Manum, inquam, cedo tuam
actutum. **HEG.** Tene.
E. Gaude. **H.** Quid ego gaudeam? **E.** Quia ego impero, age gaude modo.
HEG. Pol maerores mi antevortunt gaudiis. **ERG.** [Noli irascier]
iam ego ex corpore exigam omnis maculas maerorum tibi.
gaude audacter. **HEG.** Gaudeo, etsi nil scio quod gaudeam.
ERG. Bene facis. Iube—**HEG.** Quid iubeam? **E.** Ignem ingentem fieri.
H. Ignem ingentem? **E.** Ita dico, magnus ut sit. **H.** Quid? me, volturi,
tuan causa aedis incensurum censes? **ERG.** Noli irascier.
iuben an non iubes astitui aulas, patinas elui,
 laridum atque epulas foveri foculis ferventibus?
alium pisces praestinatum abire? **HEG.** Hic vigilans somniat.
ERG. Alium porcinam atque agninam et pullos gallinaceos?
HEG. Scis bene esse, si sit unde. **ERG.** Pernam atque ophthalmiam,
horaeum, scombrum et trygonum et cetum, et mollem caseum?
HEG. Nominandi istorum tibi erit magis quam edundi copia
hic apud me, Ergasile. **ERG.** Mean me causa hoc censes dicere?
HEG. Nec nihil hodie nec multo plus tu hic edes, ne frustra sis.
proin tu tui cottidiani victi ventrem ad me afferas.
ERG. Quin ita faciam, ut <tu>te cupias facere sumptum, etsi ego vetem.
H. Egone? **E.** Tune. **H.** Tum tu mi igitur erus es. **E.** Immo benevolens.
vin te faciam fortunatum? **HEG.** Malim quam miserum quidem.
E. Cedo manum. **H.** Em manum. **E.** Di te omnes adiuvant. **H.** Nil sentio.
ERG. Non enim es in senticeto, eo non sentis. sed iube
vasa tibi pura apparari ad rem divinam cito,
atque agnum afferri proprium pinguem. **HEG.** Cur? **ERG.** Vt sacrufices.
H. Cui deorum? **E.** Mi hercle, nam ego nunc tibi sum summus Iuppiter,
idem ego sum Salus, Fortuna, Lux, Laetitia, Gaudium.
proin tu deum hunc saturitate facias tranquillum tibi.
HEG. Esurire mihi videre. **ERG.** Mi quidem esurio, non tibi.
HEG. Tuo arbitratu, facile patior. **ERG.** Credo, consuetu's puer.
HEG. Iuppiter te dique perdant. **E.** Te hercle—mi aequom est gratias
agere ob nuntium; tantum ego nunc porto a portu tibi boni:
nunc tu mihi places. **HEG.** Abi, stultu's, sero post tempus venis.
ERG. Igitur olim si advenissem, magis tu tum istuc diceres;
nunc hanc laetitiam accipe a me, quam fero. nam filium
tuom modo in portu Philopolemum vivom, salvom et sospitem
vidi in publica celoce, ibidemque illum adulescentulum
Aleum una et tuom Stalagmum servom, qui aufugit domo,
qui tibi surripuit quadrimum puerum filiolum tuom.
HEG. Abi in malam rem, ludis me. **ERG.** Ita me amabit sancta Saturitas,
Hegio, itaque suo me semper condecoret cognomine,

ut ego vidi. **H.** Meum gnatum? **E.** Tuom gnatum et genium meum.
H. Et captivom illum Alidensem? **E.** Ma ton Apollon. **H.** Et servolum
meum Stalagmum, meum qui gnatum surripuit? **ERG.** Nai tan Koran.
H. Iam credo? **E.** Nai tan Prainesten. **H.** Venit? **E.**Nai tan Signian.
H. Certon? **E.** Nai ton Phrousinona. **H.** Vide sis. **E.** Nai ton Alatrion.
HEG. Quid tu per barbaricas urbes iuras? **ERG.** Quia enim item asperae
sunt ut tuom victum autumabas esse. **HEG.** Vae aetati tuae.
ERG. Quippe quando mihi nil credis, quod ego dico sedulo.
sed Stalagmus quoius erat tunc nationis, cum hinc abit?
HEG. Siculus. **ERG.** At nunc Siculus non est, Boius est, Boiam terit:
liberorum quaerundorum causa ei, credo, uxor datast.
HEG. Dic, bonan fide tu mi istaec verba dixisti? **ERG.** Bona.
HEG. Di immortales, iterum gnatus videor, si vera autumas.
ERG. Ain tu? dubium habebis etiam, sancte quom ego iurem tibi?
postremo, Hegio, si parva iuri iurandost fides,
vise ad portum. **HEG.** Facere certumst. tu intus cura quod opus est.
sume, posce, prome quid vis. te facio cellarium.
ERG. Nam hercle, nisi mantiscinatus probe ero, fusti pectito.
HEG. Aeternum tibi dapinabo victum, si vera autumas.
E. Vnde id? **H.** A me meoque gnato. **E.** Sponden tu istud? **H.** Spondeo.
ERG. At ego tuom tibi advenisse filium respondeo.
HEG. Cura quam optume potes.—

IV.iii

ERG. Bene ambula et redambula.
illic hinc abiit, mihi rem summam credidit cibariam.
di immortales, iam ut ego collos praetruncabo tegoribus,
quanta pernis pestis veniet, quanta labes larido,
quanta sumini absumedo, quanta callo calamitas,
quanta laniis lassitudo, quanta porcinariis.
nam si alia memorem, quae ad ventris victum conducunt, morast.
nunc ibo, ut pro praefectura mea ius dicam larido,
et quae pendent indemnatae pernae, eis auxilium ut feram.—

IV.iv

PVER Diespiter te dique, Ergasile, perdant et ventrem tuom,
parasitosque omnis, et qui posthac cenam parasitis dabit.
clades calamitasque, intemperies modo in nostram advenit domum.
quasi lupus esuriens <ille> metui ne in me faceret impetum.
ubi * * * impetum
a nimisque hercle ego illum male formidabam, ita frendebat dentibus.
adveniens deturbavit totum cum carne carnarium:

arripuit gladium, praetruncavit tribus tegoribus glandia;
aulas calicesque omnes confregit, nisi quae modiales erant.
cocum percontabatur, possentne seriae fervescere.
cellas refregit omnis intus reclusitque armarium.
adservate istunc, sultis, servi. ego ibo, ut conveniam senem,
dicam ut sibi penum alium adornet, siquidem sese uti volet;
nam hic quidem, ut adornat, aut iam nihil est aut iam nihil erit.—

ACTVS V

HEGIO Iovi disque ago gratias merito magnas,
quom reducem tuo te patri reddiderunt
quomque ex miseriis plurimis me exemerunt,
 quae adhuc te carens dum hic fui sustentabam,
quomque hunc conspicor in potestate nostra,
quomque huius reperta est fides firma nobis.
PHILOPOLEMVS Satis iam dolui ex animo, et cura me satis et lacrumis maceravi,
satis iam audivi tuas aerumnas, ad portum mihi quas memorasti.
hoc agamus. **PHILOCRATES** Quid nunc, quoniam tecum servavi fidem
tibique hunc reducem in libertatem feci? **HEG.** Fecisti ut tibi,
Philocrates, numquam referre gratiam possim satis,
proinde ut tu promeritu's de me et filio. **PHILOP.** Immo potes,
pater, et poteris et ego potero, et di eam potestatem dabunt
ut beneficium bene merenti nostro merito muneres;
sicut nunc potes, pater mi, facere merito maxume.
HEG. Quid opust verbis? lingua nullast qua negem quidquid roges.
PHILOCR. Postulo abs te, ut mi illum reddas servom, quem hic reliqueram
pignus pro me, qui mihi melior quam sibi semper fuit,
pro bene factis eius ut ei pretium possim reddere.
HEG. Quod bene fecisti referetur gratia id quod postulas;
et id et aliud, quod me orabis, impetrabis. atque te
nolim suscensere quod ego iratus ei feci male.
PHILOCR. Quid fecisti? **HEG.** In lapicidinas compeditum condidi,
ubi rescivi mihi data esse verba. **PHILOCR.** Vae misero mihi,
propter meum caput labores homini evenisse optumo.
HEG. At ob eam rem mihi libellam pro eo argenti ne duis:
gratiis a me, ut sit liber, ducito. **PHILOCR.** Edepol, Hegio,
facis benigne. sed quaeso, hominem ut iubeas arcessi. **HEG.** Licet.
ubi estis vos? ite actutum, Tyndarum huc arcessite.
vos ite intro. interibi ego ex hac statua verberea volo
erogitare, meo minore quid sit factum filio.
vos lavate interibi. **PHILOP.** Sequere hac, Philocrates, me intro.—
        PHILOCR. Sequor.—

V.ii

HEG. Age tu illuc procede, bone vir, lepidum mancupium meum.
STALAGMVS Quid me oportet facere, ubi tu talis vir falsum autumas?
fui ego bellus, lepidus: bonus vir numquam, neque frugi bonae,
neque ero umquam, ne <erres>: spem ponas me bonae frugi fore.
HEG. Propemodum ubi loci fortunae tuae sint facile intellegis.
si eris verax, tua ex re, facies ex mala meliusculam.
recte et vera loquere, sed neque vere neque <tu> recte adhuc
fecisti umquam. **STAL.** Quod ego fatear, credin pudeat cum autumes?
HEG. At ego faciam ut pudeat, nam in ruborem te totum dabo.
STAL. Eia, credo ego imperito plagas minitaris mihi.
tandem ista aufer <ac> dic quid fers, ut feras hinc quod petis.
HEG. Satis facundu's. sed iam fieri dicta compendi volo.
STAL. Vt vis fiat. **HEG.** Bene morigerus fuit puer, nunc non decet.
hoc agamus. iam animum advorte ac mihi quae dicam edissere.
[si eris verax, <ex> tuis rebus feceris meliusculas.]
STAL. Nugae istaec sunt. non me censes scire quid dignus siem?
HEG. At ea subterfugere potis es pauca, si non omnia.
STAL. Pauca effugiam, scio; nam multa evenient, et merito meo,
quia et fugi et tibi surripui filium et eum vendidi.
HEG. Cui homini? **STAL.** Theodoromedi in Alide Polyplusio,
sex minis. **HEG.** Pro di immortales, is quidem huius est pater
Philocrati. **STAL.** Quin melius novi quam tu et vidi saepius.
HEG. Serva, Iuppiter supreme, et me et meum gnatum mihi.
Philocrates, per tuom te genium obsecro, exi, te volo.

V.iii

PHILOCRATES Hegio, assum. si quid me vis, impera. **HEG.** Hic gnatum meum
tuo patri ait se vendidisse sex minis in Alide.
PHILOCR. Quam diu id factum est? **STAL.** Hic annus incipit vicensimus.
PHILOCR. Falsa memorat. **STAL.** Aut ego aut tu. nam tibi quadrimulum
tuos pater peculiarem parvolo puero dedit.
PHILOCR. Quid erat ei nomen? si vera dicis, memoradum mihi.
STAL. Paegnium vocitatust, post vos indidistis Tyndaro.
PHILOCR. Cur ego te non novi? **STAL.** Quia mos est oblivisci hominibus
neque novisse cuius nihili sit faciunda gratia.
PHILOCR. Dic mihi, isne istic fuit, quem vendidisti meo patri,
qui mihi peculiaris datus est? **STAL.** Huius filius.
HEG. Vivitne is homo? **STAL.** Argentum accepi, nil curavi ceterum.
HEG. Quid tu ais? **PHILOCR.** Quin istic ipsust Tyndarus tuos filius,

ut quidem hic argumenta loquitur. nam is mecum a puero puer
bene pudiceque educatust usque ad adulescentiam.
HEG. Et miser sum et fortunatus, si <vos> vera dicitis;
eo miser sum quia male illi feci, si gnatust meus.
eheu, quom ego plus minusve feci quam <me> aequom fuit.
quod male feci crucior; modo si infectum fieri possiet.
sed eccum incedit huc ornatus haud ex suis virtutibus.

V.iv

TYNDARVS Vidi ego multa saepe picta, quae Acherunti fierent
cruciamenta, verum enim vero nulla adaeque est Acheruns
atque ubi ego fui, in lapicidinis. illic ibi demumst locus,
ubi labore lassitudo est exigunda ex corpore.
nam ubi illo adveni, quasi patriciis pueris aut monerulae,
aut anites aut coturnices dantur, quicum lusitent,
itidem mi haec advenienti upupa, qui me delectem, datast.
sed erus eccum ante ostium, et erus alter eccum ex Alide
rediit. **HEG.** Salve, exoptate gnate mi. **TYND.** Hem, quid gnate mi?
attat, scio cur te patrem adsimules esse et me filium:
quia mi item ut parentes lucis das tuendi copiam.
PHILOCR. Salve, Tyndare. **T.** Et tu, quoius causa hanc aerumnam exigo.
PHILOCR. At nunc liber in divitias faxo venies. nam tibi
pater hic est; hic servos, qui te huic hinc quadrimum surpuit,
vendidit patri meo te sex minis, is te mihi
parvolum peculiarem parvolo puero dedit:
illic indicium fecit; nam hunc ex Alide huc reduximus.
TYND. Quid huius filium? **PHILOCR.** Intus eccum fratrem germanum tuom.
[**TYND.** Quid tu ais? adduxtin illum huius captivom filium?
PHILOCR. Quin, inquam, intus hic est. **T.** Fecisti edepol et recte et bene.
PHILOCR. Nunc tibi pater hic est: hic fur est tuos, qui parvom hinc te
abstulit.
TYND. At ego hunc grandis grandem natu ob furtum ad carnificem dabo.
PHILOCR. Meritus est. **T.** Ergo edepol <merito> meritam mercedem dabo.
sed <tu> dic oro: pater meus tune es? **HEG.** Ego sum, gnate mi.
TYND. Nunc demum in memoriam redeo, cum mecum recogito.]
nunc edepol demum in memoriam regredior, audisse me
quasi per nebulam, Hegionem meum patrem vocarier.
HEG. Is ego sum. **PHILOCR.** Compedibus quaeso ut tibi sit levior filius
atque huic gravior servos. **HEG.** Certum est principio id praevortier.
eamus intro, ut arcessatur faber, ut istas compedes
tibi adimam, huic dem. **STAL.** Quoi peculi nihil est, recte feceris.
CATERVA
Spectatores, ad pudicos mores facta haec fabula est,

neque in hac subigitationes sunt neque ulla amatio
nec pueri suppositio nec argenti circumductio,
neque ubi amans adulescens scortum liberet clam suom patrem.
huius modi paucas poetae reperiunt comoedias,
ubi boni meliores fiant. nunc vos, si vobis placet
et si placuimus neque odio fuimus, signum hoc mittite:
qui pudicitiae esse voltis praemium, plausum date.

MENAECHMI

PERSONAE

**PENICVLVS PARASITVS
MENAECHMVS
MENAECHMVS (SOSICLES)
EROTIUM MERETRIX
CYLINDRUS COCVS
MESSENIO SERVVS
ANCILLA
MATRONA
SENEX
MEDICVS**

ARGVMENTVM

Mercator Siculus, quoi erant gemini filii,
Ei surrupto altero mors optigit.
Nomen surrepticii illi indit qui domist
Avos paternus, facit Maenaechmum e Sosicle.
Et is germanum, postquam adolevit, quaeritat
Circum omnis oras. post Epidamnum devenit:
Hic fuerat alitus ille surrepticius.
Menaechmum omnes civem credunt advenam
Eumque appellant meretrix, uxor et socer.
I se cognoscunt fratres postremo invicem.

PROLOGVS

Salutem primum iam a principio propitiam
mihi atque vobis, spectatores, nuntio.
apporto vobis Plautum, lingua non manu,
quaeso ut benignis accipiatis auribus.
nunc argumentum accipite atque animum advortite;
quam potero in verba conferam paucissuma.
Atque hoc poetae faciunt in comoediis:
omnis res gestas esse Athenis autumant,
quo illud vobis graecum videatur magis;

ego nusquam dicam nisi ubi factum dicitur.
atque adeo hoc argumentum graecissat, tamen
non atticissat, verum sicilicissitat.
huic argumento antelogium hoc fuit;
nunc argumentum vobis demensum dabo,
non modio, neque trimodio, verum ipso horreo:
tantum ad narrandum argumentum adest benignitas.
Mercator quidam fuit Syracusis senex,
ei sunt nati filii gemini duo,
ita forma simili pueri, ut mater sua
non internosse posset quae mammam dabat,
neque adeo mater ipsa quae illos pepererat,
ut quidem ille dixit mihi, qui pueros viderat:
ego illos non vidi, ne quis vostrum censeat.
postquam iam pueri septuennes sunt, pater
oneravit navem magnam multis mercibus;
imponit geminum alterum in navem pater,
Tarentum avexit secum ad mercatum simul,
illum reliquit alterum apud matrem domi.
Tarenti ludi forte erant, cum illuc venit.
mortales multi, ut ad ludos, convenerant:
puer aberravit inter homines a patre.
Epidamniensis quidam ibi mercator fuit,
is puerum tollit avehitque Epidamnium.
pater eius autem postquam puerum perdidit,
animum despondit, eaque is aegritudine
paucis diebus post Tarenti emortuost.
Postquam Syracusas de ea re rediit nuntius
ad avom puerorum, puerum surruptum alterum
patremque pueri Tarenti esse emortuom,
immutat nomen avos huic gemino alteri;
ita illum dilexit, qui subruptust, alterum:
illius nomen indit illi qui domi est,
Menaechmo, idem quod alteri nomen fuit;
et ipsus eodem est avos vocatus nomine
(propterea illius nomen memini facilius,
quia illum clamore vidi flagitarier).
ne mox erretis, iam nunc praedico prius:
idem est ambobus nomen geminis fratribus.
Nunc in Epidamnum pedibus redeundum est mihi,
ut hanc rem vobis examussim disputem.
si quis quid vestrum Epidamnum curari sibi
velit, audacter imperato et dicito,
sed ita ut det unde curari id possit sibi.

nam nisi qui argentum dederit, nugas egerit;
qui dederit, magis maiores nugas egerit.
verum illuc redeo unde abii, atque uno asto in loco.
Epidamniensis ille, quem dudum dixeram,
geminum illum puerum qui surrupuit alterum,
ei liberorum, nisi divitiae, nil erat:
adoptat illum puerum surrupticium
sibi filium eique uxorem dotatam dedit,
eumque heredem fecit, quom ipse obiit diem.
nam rus ut ibat forte, ut multum pluerat,
ingressus fluvium rapidum ab urbe haud longule,
rapidus raptori pueri subduxit pedes
abstraxitque hominem in maximam malam crucem.
illi divitiae evenerunt maximae.
is illic habitat geminus surrupticius.
Nunc ille geminus, qui Syracusis habet,
hodie in Epidamnum veniet cum servo suo
hunc quaeritatum geminum germanum suom.
haec urbs Epidamnus est, dum haec agitur fabula:
quando alia agetur, aliud fiet oppidum;
sicut familiae quoque solent mutarier:
modo ni caditat leno, modo adulescens, modo senex,
pauper, mendicus, rex, parasitus, hariolus

ACTVS I

PENICVLVS Iuventus nomen fecit Peniculo mihi,
ideo quia mensam, quando edo, detergeo.
homines captivos qui catenis vinciunt
et qui fugitivis servis indunt compedes,
nimis stulte faciunt mea quidem sententia.
nam homini misero si ad malum accedit malum,
maior lubido est fugere et facere nequiter.
nam se ex catenis eximunt aliquo modo.
tum compediti anum lima praeterunt
aut lapide excutiunt clavom. nugae sunt eae.
quem tu adservare recte, ne aufugiat, voles,
esca atque potione vinciri decet.
apud mensam plenam homini rostrum deliges;
dum tu illi quod edit et quod potet praebeas,
suo arbitratu adfatim cottidie,
numquam edepol fugiet, tam etsi capital fecerit,
facile adservabis, dum eo vinclo vincies.
ita istaec nimis lenta vincla sunt escaria:

quam magis extendas, tanto adstringunt artius.
nam ego ad Menaechmum hunc eo, quo iam diu
sum iudicatus; ultro eo ut me vinciat.
nam illic homo homines non alit, verum educat,
recreatque: nullus melius medicinam facit.
ita est adulescens; ipsus escae maxumae
cerialis cenas dat, ita mensas exstruit,
tantas struices concinnat patinarias:
standumst in lecto, si quid de summo petas.
sed mi intervallum iam hos dies multos fuit:
domi domitus sum usque cum caris meis.
nam neque edo neque emo nisi quod est carissumum.
id quoque iam, cari qui instruontur deserunt.
nunc ad eum inviso. sed aperitur ostium.
Menaechmum eccum ipsum video, progreditur foras.

I.ii

MENAECHMVS Ni mala, ni stulta sies, ni indomita imposque animi,
quod viro esse odio videas, tute tibi odio habeas.
praeterhac si mihi tale post hunc diem
faxis, faxo foris vidua visas patrem.
nam quotiens foras ire volo, me retines, revocas, rogitas,
quo ego eam, quam rem agam, quid negoti geram,
quid petam, quid feram, quid foris egerim.
portitorem domum duxi, ita omnem mihi
rem necesse eloqui est, quidquid egi atque ago.
nimium ego te habui delicatam; nunc adeo ut facturus dicam.
quando ego tibi ancillas, penum,
lanam, aurum, vestem, purpuram
bene praebeo nec quicquam eges,
malo cavebis si sapis,
virum observare desines.
atque adeo, ne me nequiquam serves, ob eam industriam
hodie ducam scortum ad cenam atque aliquo condicam foras.
PEN. Illic homo se uxori simulat male loqui, loquitur mihi;
nam si foris cenat, profecto me, haud uxorem, ulciscitur.
MEN. Euax, iurgio hercle tandem uxorem abegi ab ianua.
ubi sunt amatores mariti? dona quid cessant mihi
conferre omnes congratulantes, quia pugnavi fortiter?
hanc modo uxori intus pallam surrupui, ad scortum fero.
sic hoc decet, dari facete verba custodi catae.
hoc facinus pulchrumst, hoc probumst, hoc lepidumst, hoc factumst fabre:
meo malo a mala abstuli hoc, ad damnum deferetur.

avorti praedam ab hostibus nostrum salute socium.
PEN. Heus adulescens, ecqua in istac pars inest praeda mihi?
MEN. Perii, in insidias deveni. **PEN.** Immo in praesidium, ne time.
M. Quis homo est? **P.** Ego sum. **M.** O mea Commoditas, o mea Opportunitas,
salve. **P.** Salve. **M.** Quid agis? **P.** Teneo dextera genium meum.
MEN. Non potuisti magis per tempus mi advenire quam advenis.
PEN. Ita ego soleo: commoditatis omnis articulos scio.
MEN. Vin tu facinus luculentum inspicere? **PEN.** Quis id coxit coquos?
iam sciam, si quid titubatumst, ubi reliquias videro.
MEN. Dic mi, enumquam tu vidisti tabulam pictam in pariete,
ubi aquila Catameitum raperet aut ubi Venus Adoneum?
PEN. Saepe. sed quid istae picturae ad me attinent? **MEN.** Age me aspice.
ecquid adsimulo similiter? **PEN.** Quis istest ornatus tuos?
MEN. Dic hominem lepidissimum esse me. **PEN.** Vbi essuri sumus?
MEN. Dic modo hoc quod ego te iubeo. **PEN.** Dico: homo lepidissime.
MEN. Ecquid audes de tuo istuc addere? **PEN.** Atque hilarissime.
MEN. Perge <perge>. **PEN.** Non pergo hercle, nisi scio qua gratia.
litigium tibi est cum uxore, eo mi abs te caveo cautius.
MEN. Clam uxoremst ubi pulchre habeamus atque hunc comburamus
diem.
PEN. Age sane igitur, quando aequom oras, quam mox incendo rogum?
dies quidem iam ad umbilicum est dimidiatus mortuos.
MEN. Te morare, mihi quom obloquere. **PEN.** Oculum ecfodito per solum
mihi, Menaechme, si ullum verbum faxo nisi quod iusseris.
MEN. Concede huc a foribus. **PEN.** Fiat. **MEN.** Etiam concede
huc. **PEN.** Licet.
MEN. Etiam nunc concede audacter ab leonino cavo.
PEN. Eu edepol ne tu, ut ego opinor, esses agitator probus.
MEN. Quidum? **PEN.** Ne te uxor sequatur, respectas identidem.
MEN. Sed quid ais? **PEN.** Egone? id enim quod tu vis, id aio atque id nego.
MEN. Ecquid tu de odore possis, si quid forte olfeceris,
facere coniecturam? ***
PEN. *** captum sit collegium.
MEN. Agedum odorare hanc quam ego habeo pallam. quid olet? apstines?
PEN. Summum olfactare oportet vestimentum muliebre,
nam ex istoc loco spurcatur nasum odore inlucido.
MEN. Olfacta igitur hinc, Penicule. lepide ut fastidis. **PEN.** Decet.
MEN. Quid igitur? quid olet? responde. **PEN.** Furtum, scortum, prandium.
tibi fuant **MEN.** elocutus, nam
nunc ad amicam deferetur hanc meretricem Erotium.
mihi, tibi atque illi iubebo iam adparari prandium. **PEN.** Eu.
MEN. Inde usque ad diurnam stellam crastinam potabimus. **PEN.** Eu,
expedite fabulatu's. iam fores ferio? **MEN.** Feri.
vel mane etiam. **PEN.** Mille passum commoratu's cantharum.

MEN. Placide pulta. **PEN.** Metuis, credo, ne fores Samiae sient.
MEN. Mane, mane obsecro hercle: eapse eccam exit. oh, solem vides
satin ut occaecatust prae huius corporis candoribus?

I.iii

EROTIVM Anime mi, Menaechme, salve. **PEN.** Quid ego? **ER.** Extra
numerum es mihi.
PEN. Idem istuc aliis adscriptivis fieri ad legionem solet.
MEN. Ego istic mihi hodie adparari iussi apud te proelium.
ER. Hodie id fiet. **MEN.** In eo uterque proelio potabimus;
uter ibi melior bellator erit inventus cantharo,
 tuest legio adiudicato, cum utro hanc noctem sies.
ut ego uxorem, mea voluptas, ubi te aspicio, odi male.
ER. Interim nequis quin eius aliquid indutus sies.
quid hoc est? **MEN.** Induviae tuae atque uxoris exuviae, rosa.
ER. Superas facile, ut superior sis mihi quam quisquam qui impetrant.
PEN. Meretrix tantisper blanditur, dum illud quod rapiat videt;
nam si amabas, iam oportebat nasum abreptum mordicus.
MEN. Sustine hoc, Penicule: exuvias facere quas vovi volo.
PEN. Cedo; sed obsecro hercle, salta sic cum palla postea.
MEN. Ego saltabo? sanus hercle non es. **PEN.** Egone an tu magis?
si non saltas, exue igitur. **MEN.** Nimio ego hanc periculo
surrupui hodie. meo quidem animo ab Hippolyta subcingulum
Hercules haud aeque magno umquam abstulit periculo.
cape tibi hanc, quando una vivis meis morigera moribus.
ER. Hoc animo decet animatos esse amatores probos.
PEN. Qui quidem ad mendicitatem se properent detrudere.
MEN. Quattuor minis ego emi istanc anno uxori meae.
PEN. Quattuor minae perierunt plane, ut ratio redditur.
MEN. Scin quid volo ego te accurare? **ER.** Scio, curabo quae voles.
MEN. Iube igitur tribus nobis apud te prandium accurarier
atque aliquid scitamentorum de foro opsonarier,
glandionidam suillam, laridum pernonidam,
aut sincipitamenta porcina aut aliquid ad eum modum,
madida quae mi adposita in mensa miluinam suggerant;
atque actutum. **ER.** Licet ecastor. **MEN.** Nos prodimus ad forum.
iam hic nos erimus: dum coquetur, interim potabimus.
ER. Quando vis veni, parata res erit. **MEN.** Propera modo.
sequere tu. **PEN.** Ego hercle vero te et servabo et te sequar,
neque hodie ut te perdam, meream deorum divitias mihi.
ER. Evocate intus Culindrum mihi coquom actutum foras.

I.iv

sportulam cape atque argentum. eccos tris nummos habes.
CYLINDRVS Habeo. **ER.** Abi atque obsonium adfer; tribus vide quod sit satis:
neque defiat neque supersit. **CYL.** Cuius modi hi homines erunt?
ER. Ego et Menaechmus et parasitus eius. **CYL.** Iam isti sunt decem;
nam parasitus octo hominum munus facile fungitur.
ER. Elocuta sum convivas, ceterum cura. **CYL.** Licet.
cocta sunt, iube ire accubitum. **ER.** Redi cito. **CYL.** Iam ego hic ero.

ACTVS II

MENAECHMVS Voluptas nullast navitis, Messenio,
maior meo animo, quam quom ex alto procul
terram conspiciunt. **MESSENIO** Maior, non dicam dolo,
[quam] si adveniens terram videas quae fuerit tua.
sed quaeso, quam ob rem nunc Epidamnum venimus?
an quasi mare omnis circumimus insulas?
MEN. Fratrem quaesitum geminum germanum meum.
MESS. Nam quid modi futurum est illum quaerere?
hic annus sextust postquam ei rei operam damus.
Histros, Hispanos, Massiliensis, Hilurios,
mare superum omne Graeciamque exoticam
orasque Italicas omnis, qua adgreditur mare,
sumus circumvecti. si acum, credo, quaereres,
acum invenisses, si appareret, iam diu.
hominem inter vivos quaeritamus mortuom;
nam invenissemus iam diu, si viveret.
MEN. Ergo istuc quaero certum qui faciat mihi,
qui sese dicat scire eum esse emortuom:
operam praeterea numquam sumam quaerere.
verum aliter vivos numquam desistam exsequi.
ego illum scio quam cordi sit carus meo.
MESS. In scirpo nodum quaeris. quin nos hinc domum
redimus, nisi si historiam scripturi sumus?
MEN. Dictum facessas, datum edis, caveas malo.
molestus ne sis, non tuo hoc fiet modo. **MESS.** Em
illoc enim verbo esse me servom scio.
non potuit paucis plura plane proloqui.
verum tamen nequeo contineri quin loquar.
audin, Menaechme? quom inspicio marsuppium,
viaticati hercle admodum aestive sumus.
ne tu hercle, opinor, nisi domum revorteris,

ubi nihil habebis, geminum dum quaeres, gemes.
nam ita est haec hominum natio: in Epidamnieis
voluptarii atque potatores maxumi;
tum sycophantae et palpatores plurumi
in urbe hac habitant; tum meretrices mulieres
nusquam perhibentur blandiores gentium.
propterea huic urbi nomen Epidamno inditumst,
quia nemo ferme huc sine damno devortitur.
MEN. Ego istuc cavebo. cedo dum huc mihi marsuppium.
MESS. Quid eo vis? **MEN.** Iam aps te metuo de verbis tuis.
MESS. Quid metuis? **MEN.** Ne mihi damnum in Epidamno duis.
tu magnus amator mulierum es, Messenio,
ego autem homo iracundus, animi perditi;
id utrumque, argentum quando habebo, cavero,
ne tu delinquas neve ego irascar tibi.
MESS. Cape atque serva. me lubente feceris.

II.ii

CYLINDRVS Bene opsonavi atque ex mea sententia,
bonum anteponam prandium pransoribus.
sed eccum Menaechmum video. vae tergo meo,
prius iam convivae ambulant ante ostium,
quam ego opsonatu redeo. adibo atque alloquar.
Menaechme, salve. **MEN.** Di te amabunt quisquis \<es>.
CYL. Quisquis *** \<es> ego sim?
MEN. Non hercle vero. **CYL.** Vbi convivae ceteri?
MEN. Quos tu convivas quaeris? **CYL.** Parasitum tuom.
MEN. Meum parasitum? certe hic insanust homo.
MESS. Dixin tibi esse hic sycophantas plurumos?
* * *
MEN. Quem tu parasitum quaeris, adulescens, meum?
MESS. Peniculum eccum in vidulo salvom fero.
CYL. Menaechme, numero huc advenis ad prandium.
nunc opsonatu redeo. **MEN.** Responde mihi,
adulescens: quibus hic pretiis porci veneunt
sacres sinceri? **CYL.** Nummis. **MEN.** Nummum a me accipe:
iube te piari de mea pecunia.
nam equidem insanum esse te certo scio,
qui mihi molestu's homini ignoto, quisquis es.
CYL. Cylindrus ego sum: non nosti nomen meum?
MEN. Si tu Cylindrus seu Coriendrus, perieris.
ego te non novi, neque novisse adeo volo.
CYL. Est tibi Menaechmo nomen, tantum quod sciam.

MEN. Pro sano loqueris quom me appellas nomine.
sed ubi novisti me? **CYL.** Vbi ego te noverim,
qui amicam habes eram meam hanc Erotium?
MEN. Neque hercle ego habeo, neque te quis homo sis scio.
CYL. Non scis quis ego sim, qui tibi saepissime
cyathisso apud nos, quando potas? **MESS.** Ei mihi,
quom nihil est qui illi homini diminuam caput.
MEN. Tun cyathissare mihi soles, qui ante hunc diem
Epidamnum numquam vidi neque veni? **CYL.** Negas?
MEN. Nego hercle vero. **CYL.** Non tu in illisce aedibus
 habitas? **MEN.** Di illos homines, qui illic habitant, perduint.
CYL. Insanit hic quidem, qui ipse male dicit sibi.
audin, Menaechme? **MEN.** Quid vis? **CYL.** Si me consulas,
nummum illum quem mihi dudum pollicitu's dare --
nam tu quidem hercle certo non sanu's satis,
Menaechme, qui nunc ipsus male dicas tibi--
iubeas, si sapias, porculum adferri tibi.   -
MES. Eu hercle hominem multum, et odiosum mihi.
CYL. Solet iocari saepe mecum illoc modo.
quam vis ridiculus est, ubi uxor non adest.
quid ais tu? **MEN.** Quid vis, inquam. **CYL.** Satin hoc quod vides
tribus vobis opsonatumst, an opsono amplius,
tibi et parasito et mulieri? **MEN.** Quas [tu] mulieres,
quos tu parasitos loquere? **MESS.** Quod te urget scelus,
qui huic sis molestus? **CYL.** Quid tibi mecum est rei?
ego te non novi: cum hoc quem novi fabulor.
MESS. Non edepol tu homo sanus es, certo scio.
CYL. Iam ergo haec madebunt faxo, nil morabitur.
proin tu ne quo abeas longius ab aedibus.
numquid vis? **MEN.** Vt eas maximam malam crucem.
CYL. Ire hercle meliust te interim atque accumbere,
dum ego haec appono ad Volcani violentiam.
ibo intro et dicam te hic adstare Erotio,
ut te hinc abducat potius quam hic adstes foris.
MEN. Iamne abiit <illic>? edepol haud mendacia
tua verba experior esse. **MESS.** Observato modo:
nam istic meretricem credo habitare mulierem,
ut quidem ille insanus dixit, qui hinc abiit modo.
MEN. Sed miror qui ille noverit nomen meum.
MESS. Minime hercle mirum. morem hunc meretrices habent:
ad portum mittunt servolos, ancillulas;
si quae peregrina navis in portum advenit,
rogitant cuiatis sit, quid ei nomen siet,
postilla extemplo se applicant, agglutinant:

si pellexerunt, perditum amittunt domum.
nunc in istoc portu stat navis praedatoria,
aps qua cavendum nobis sane censeo.
MEN. Mones quidem hercle recte. **MESS.** Tum demum sciam
recte monuisse, si tu recte caveris.
MEN. Tace dum parumper, nam concrepuit ostium:
videamus qui hinc egreditur. **MESS.** Hoc ponam interim.
asservatote haec sultis, navales pedes.

II.iii

EROTIVM Sine fores sic, abi, nolo operiri.
intus para, cura, vide, quod opust fiat:
sternite lectos, incendite odores; munditia
inlecebra animost amantium.
amanti amoenitas malost, nobis lucrost.
sed ubi ille est, quem coquos ante aedis esse ait? atque eccum video,
qui mi est usui et plurimum prodest.
item hinc ultro fit, ut meret, potissimus nostrae domi ut sit;
nunc eum adibo, adloquar ultro.
animule mi, mihi mira videntur,
te hic stare foris, fores quoi pateant,
magis quam domus tua domus quom haec tua sit.
omne paratumst, ut iussisti
atque ut voluisti, neque tibi
ulla morast intus.
prandium, ut iussisti, hic curatumst:
ubi lubet, ire licet accubitum.
M. Quicum haec mulier loquitur? **E.** Equidem tecum. **M.** Quid mecum tibi
fuit umquam aut nunc est negoti? **ER.** Quia pol te unum ex omnibus
Venus me voluit magnificare, neque id haud immerito tuo.
nam ecastor solus benefactis tuis me florentem facis.
MEN. Certo haec mulier aut insana aut ebria est, Messenio,
quae hominem ignotum compellet me tam familiariter.
MESS. Dixin ego istaec hic solere fieri? folia nunc cadunt,
praeut si triduom hoc hic erimus: tum arbores in te cadent.
nam ita sunt hic meretrices: omnes elecebrae argentariae.
sed sine me dum hanc compellare. heus mulier, tibi dico. **ER.** Quid est?
MESS. Vbi tu hunc hominem novisti? **ER.** Ibidem ubi hic me iam diu,
in Epidamno. **MESS.** In Epidamno? qui huc in hanc urbem pedem,
nisi hodie, numquam intro tetulit? **ER.** Heia, delicias facis.
mi Menaechme, quin, amabo, is intro? hic tibi erit rectius.
MEN. Haec quidem edepol recte appellat meo me mulier nomine.
nimis miror, quid hoc sit negoti. **MESS.** Oboluit marsuppium

huic istuc quod habes. **MEN.** Atque edepol tu me monuisti probe.
accipe dum hoc. iam scibo, utrum haec me mage amet an marsuppium.
ER. Eamus intro, ut prandeamus. **MEN.** Bene vocas: tam gratiast.
ER. Cur igitur me tibi iussisti coquere dudum prandium?
MEN. Egon te iussi coquere? **ER.** Certo, tibi et parasito tuo.
MEN. Cui, malum, parasito? certo haec mulier non sanast satis.
ER. Peniculo. **MEN.** Quis iste est Peniculus? qui extergentur baxeae?
ER. Scilicet qui dudum tecum venit, quom pallam mihi
detulisti, quam ab uxore tua surrupuisti. **MEN.** Quid est?
tibi pallam dedi, quam uxori meae surrupui? sanan es?
certe haec mulier cantherino ritu astans somniat.
ER. Qui lubet ludibrio habere me atque ire infitias mihi
facta quae sunt? **MEN.** Dic quid est id quod negem quod fecerim?
ER. Pallam te hodie mihi dedisse uxoris. **MEN.** Etiam nunc nego.
ego quidem neque umquam uxorem habui neque habeo, neque huc
umquam, postquam natus sum, intra portam penetravi pedem.
prandi in navi, inde huc sum egressus, te conveni. **ER.** Eccere,
perii misera, quam tu mihi nunc navem narras? **MEN.** Ligneam,
saepe tritam, saepe fixam, saepe excussam malleo;
quasi supellex pellionis, palus palo proxumust.
ER. Iam, amabo, desiste ludos facere atque i hac mecum semul.
MEN. Nescio quem, mulier, alium hominem, non me quaeritas.
ER. Non ego te novi Menaechmum, Moscho prognatum patre,
qui Syracusis perhibere natus esse in Sicilia,
ubi rex Agathocles regnator fuit et iterum Phintia,
tertium Liparo, qui in morte regnum Hieroni tradidit,
nunc Hiero est? **MEN.** Haud falsa, mulier, praedicas. **MESS.** Pro Iuppiter,
num istaec mulier illinc venit, quae te novit tam cate?
MEN. Hercle opinor, pernegari non potest. **MESS.** Ne feceris.
periisti, si intrassis intra limen. **MEN.** Quin tu tace modo.
bene res geritur. adsentabor quidquid dicet mulieri,
si possum hospitium nancisci. iam dudum, mulier, tibi
non imprudens advorsabar: hunc metuebam, ne meae
uxori renuntiaret de palla et de prandio.
nunc, quando vis, eamus intro. **ER.** Etiam parasitum manes?
MEN. Neque ego illum maneo, neque flocci facio, neque, si venerit,
eum volo intromitti. **ER.** Ecastor haud invita fecero.
sed scin quid te amabo ut facias? **MEN.** Impera quid vis modo.
ER. Pallam illam, quam dudum dederas, ad phrygionem ut deferas,
ut reconcinnetur atque ut opera addantur quae volo.
MEN. Hercle qui tu recte dicis: eadem ignorabitur,
ne uxor cognoscat te habere, si in via conspexerit.
ER. Ergo mox auferto tecum, quando abibis. **MEN.** Maxime.
ER. Eamus intro **MEN.** Iam sequar te. hunc volo etiam conloqui.

eho Messenio, accede huc. **MESS.** Quid negoti est? **MEN.** sussciri.
M. Quid eo opust? **M.** Opus est. scio ut me dices. **M.** Tanto nequior.
MEN. Habeo praedam: tantum incepi operis. ei quantum potes,
abduc istos in tabernam actutum devorsoriam.
tum facito ante solem occasum ut venias advorsum mihi.
MESS. Non tu istas meretrices novisti, ere. **MEN.** Tace, inquam ***
mihi dolebit, non tibi, si quid ego stulte fecero.
mulier haec stulta atque inscita est; quantum perspexi modo,
est hic praeda nobis.++**MESS.** Perii, iamne abis? periit probe:
ducit lembum dierectum navis praedatoria.
sed ego inscitus qui domino me postulem moderarier:
dicto me emit audientem, haud imperatorem sibi.
sequimini, ut, quod imperatum est, veniam advorsum temperi.

ACTVS III

PENICVLVS Plus triginta annis natus sum, quom interea loci,
numquam quicquam facinus feci peius neque scelestius,
quam hodie, quom in contionem mediam me immersi miser.
ubi ego dum hieto, Menaechmus se subterduxit mihi
atque abiit ad amicam, credo, neque me voluit ducere.
qui illum di omnes perduint, qui primus commentust ***
contionem habere, qui homines occupatos occupat.
non ad eam rem otiosos homines decuit deligi,
qui nisi adsint quom citentur, census capiat ilico?

adfatim est hominum, in dies qui singulas escas edint,
quibus negoti nihil est, qui essum neque vocantur neque vocant:
eos oportet contioni dare operam atque comitiis.
si id ita esset, non ego hodie perdidissem prandium,
quoi tam credo datum voluisse quam me video vivere.
ibo: etiamnum reliquiarum spes animum oblectat meum.
sed quid ego video? Menaechmus cum corona exit foras.
sublatum est convivium, edepol venio adversum temperi.
observabo, quid agat, hominem. post adibo atque adloquar.

III.ii

MENAECHMVS Potine ut quiescas? ego tibi hanc hodie probe
lepideque concinnatam referam temperi.
non faxo eam esse dices: ita ignorabitur.
PEN. Pallam ad phrygionem fert confecto prandio
vinoque expoto, parasito excluso foras.
non hercle is sum qui sum, ni hanc iniuriam

meque ultus pulchre fuero. observa quid dabo.
MEN. Pro di immortales, quoi homini umquam uno die
boni dedistis plus, qui minus speraverit?
prandi, potavi, scortum accubui, apstuli
hanc, quoius heres numquam erit post hunc diem.
PEN. Nequeo quae loquitur exaudire clanculum;
satur nunc loquitur de me et de parti mea.
MEN. Ait hanc dedisse me sibi, atque eam meae -
uxori surrupuisse. quoniam sentio
errare, extemplo, quasi res cum ea esset mihi,
coepi adsentari: mulier quidquid dixerat,
idem ego dicebam. quid multis verbis <opust>?
minore nusquam bene fui dispendio.
PEN. Adibo ad hominem, nam turbare gestio.
MEN. Quis hic est, qui adversus it mihi? **PEN.** Quid ais, homo
levior quam pluma, pessime et nequissime,
flagitium hominis, subdole ac minimi preti?
quid de te merui, qua me causa perderes?
ut surrupuisti te mihi dudum de foro!
fecisti funus med absente prandio.
cur ausu's facere, quoi ego aeque heres eram?
MEN. Adulescens, quaeso, quid tibi mecum est rei,
qui mihi male dicas homini ignoto insciens?
an tibi malam rem vis pro male dictis dari?
PEN. Pol eam quidem edepol te dedisse intellego.
MEN. Responde, adulescens, quaeso, quid nomen tibist?
PEN. Etiam derides, quasi nomen non noveris?
MEN. Non edepol ego te, quod sciam, umquam ante hunc diem
vidi neque novi; verum certo, quisquis es,
si aequom facias, mihi odiosus ne sies.
PEN. Menaechme, vigila. **MEN.** Vigilo hercle equidem, quod sciam.
PEN. Non me novisti? **MEN.** Non negem, si noverim.
PEN. Tuom parasitum non novisti? **MEN.** Non tibi
sanum est, adulescens, sinciput, intellego.
PEN. Responde, surrupuistin uxori tuae
pallam istanc hodie atque dedisti Erotio?
MEN. Neque hercle ego uxorem habeo neque ego Erotio
dedi nec pallam surrupui. **PEN.** Satin sanus es?
occisast haec res. non ego te indutum foras
exire vidi pallam? **MEN.** Vae capiti tuo.
omnis cinaedos esse censes, tu quia es?
tun med indutum fuisse pallam praedicas? -
PEN. Ego hercle vero. **MEN.** Non tu abis quo dignus es?
aut te piari iube, homo insanissime.

PEN. Numquam edepol quisquam me exorabit, quin tuae
uxori rem omnem iam, uti sit gesta, eloquar;
omnes in te istaec recident contumeliae:
faxo haud inultus prandium comederis.
MEN. Quid hoc est negoti? satine, ut quemque conspicor,
ita me ludificant? sed concrepuit ostium.

III.iii

ANCILLA Menaechme, amare ait te multum Erotium,
ut hoc una opera <sibi> ad aurificem deferas,
atque huc ut addas auri pondo unciam
iubeasque spinter novom reconcinnarier.
MEN. Et istuc et aliud, si quid curari volet,
me curaturum dicito, quidquid volet.
ANC. Scin quid hoc sit spinter? **MEN.** Nescio, nisi aureum.
ANC. Hoc est quod olim clanculum ex armario
te surrupuisse aiebas uxori tuae.
MEN. Numquam hercle factum est. **ANC.** Non meministi, obsecro?
redde igitur spinter, si non meministi. **MEN.** Mane.
immo equidem memini. nempe hoc est, quod illi dedi.
ANC. Istuc. **MEN.** Vbi illae armillae sunt, quas una dedi?
ANC. Numquam dedisti. **MEN.** Nam pol hoc unum dedi.
ANC. Dicam curare? **MEN.** Dicito: curabitur.
et palla et spinter faxo referantur simul.   -
ANC. Amabo, mi Menaechme, inauris da mihi
faciendas pondo duom nummum, stalagmia,
ut te libenter videam, quom ad nos veneris.
MEN. Fiat. cedo aurum, ego manupretium dabo.
ANC. Da sodes abs te: <ego> post reddidero tibi.
MEN. Immo cedo abs te: ego post tibi reddam duplex.
ANC. Non habeo. **MEN.** At tu, quando habebis, tum dato.
ANC. Numquid [me] vis?**MEN.** Haec me curaturum dicito--
ut quantum possint quique liceant veneant.
iamne abiit intro? abiit, operuit fores.
di me quidem omnes adiuvant, augent, amant.
sed quid ego cesso, dum datur mi occasio
tempusque, abire ab his locis lenoniis?
propera, Menaechme, fer pedem, confer gradum.
demam hanc coronam atque abiciam ad laevam manum,
ut, siquis sequatur, hac me abiisse censeant.
ibo et conveniam servom, si potero, meum,
ut haec, quae bona dant di mihi, ex me sciat.

ACTVS IV

MATRONE Egone hic me patiar frustra in matrimonio,
ubi vir compilet clanculum quidquid domist
atque ea ad amicam deferat? **PEN.** Quin tu taces?
manufesto faxo iam opprimes: sequere hac modo.
pallam ad phrygionem cum corona ebrius
ferebat, hodie tibi quam surrupuit domo.
sed eccam coronam quam habuit. num mentior?
em hac abiit, si vis persequi vestigiis.
atque edepol eccum optume revortitur;
sed pallam non fert. **MAT.** Quid ego nunc cum illoc agam?
PEN. Idem quod semper: male habeas; sic censeo.
huc concedamus: ex insidiis aucupa.

IV.ii

MENAECHMVS Vt hoc utimur maxime more moro
molestoque multum, atque uti quique sunt
optumi, maxume morem habent hunc:
clientes sibi omnes volunt esse multos:
bonine an mali sint, id haud quaeritant;
res magis quaeritur quam clientum fides
cuius modi clueat.
si est pauper atque haud malus, nequam habetur,
sin dives malust, is cliens frugi habetur.
qui neque leges neque aequom bonum usquam colunt,
sollicitos patronos habent.
datum denegant quod datum est, litium pleni, rapaces
viri, fraudulenti,
qui aut faenore aut periuriis habent rem paratam,
mens est in quo
eis ubi dicitur dies, simul patronis dicitur.
[quippe qui pro illis loquimur quae male fecerunt]
aut ad populum aut in iure aut apud aedilem res est.
sicut me hodie nimis sollicitum cliens quidam habuit, neque quod volui
agere aut quicum licitumst, ita med attinuit, ita detinuit.
apud aediles pro eius factis plurumisque pessumisque
dixi causam, condiciones tetuli tortas, confragosas:
aut plus aut minus quam opus fuerat dicto dixeram controversiam, ut
sponsio fieret. quid ille? qui *** praedem dedit.
nec magis manufestum ego hominem umquam ullum teneri vidi:
omnibus male factis testes tres aderant acerrumi.
di illum omnes perdant, ita mihi

hunc hodie corrupit diem,
meque adeo, qui hodie forum
umquam oculis inspexi meis.
diem corrupi optimum:
iussi adparari prandium,
amica exspectat me, scio.
ubi primum est licitum, ilico
properavi abire de foro.
iratast, credo, nunc mihi;
placabit palla quam dedi,
quam hodie uxori abstuli atque huic detuli Erotio.
PEN. Quid ais? **MAT.** Viro me malo male nuptam. **PEN.** Satin audis quae illic loquitur?
MAT. Satis. **MEN.** Si sapiam, hinc intro abeam, ubi mi bene sit. **PEN.** Mane; male erit potius.
MAT. Ne illam ecastor faenerato abstulisti. **PEN.** Sic datur.
MAT. Clanculum te istaec flagitia facere censebas potis?
MEN. Quid illuc est, uxor, negoti? **MAT.** Men rogas? **MEN.** Vin hunc rogem?
MAT. Aufer hinc palpationes. **PEN.** Perge tu. **MEN.** Quid tu mihi tristis es? **MAT.** Te scire oportet. **PEN.** Scit, sed dissimulat malus.
ME. Quid negotist? **MA.** Pallam-- **ME.** Pallam? **MA.** Quidam pallam-- **PEN.** Quid paves?
MEN. Nil equidem paveo. **PEN.** Nisi unum: palla pallorem incutit. at tu ne clam me comesses prandium. perge in virum.
MEN. Non taces? **PEN.** Non hercle vero taceo. nutat, ne loquar.
MEN. Non hercle ego quidem usquam quicquam nuto neque nicto tibi.
MA. Ne ego mecastor mulier misera. **ME.** Qui tu misera es? mi expedi.
PEN. Nihil hoc confidentius, qui quae vides ea pernegat.
MEN. Per Iovem deosque omnis adiuro, uxor, (satin hoc est tibi?) me isti non nutasse. **PEN.** Credit iam tibi de isto: illuc redi.
MEN. Quo ego redeam? **PEN.** Equidem ad phrygionem censeo. ei, pallam refer.
MEN. Quae istaec palla est? **PEN.** Taceo iam, quando haec rem non meminit suam.
MEN. Numquis servorum deliquit? num ancillae aut servi tibi responsant? eloquere. impune non erit. **MAT.** Nugas agis.
MEN. Tristis admodum es. non mi istuc satis placet. **MAT.** Nugas agis.
MEN. Certe familiarium aliquoi irata es. **MAT.** Nugas agis.
MEN. Num mihi es irata saltem? **MAT.** Nunc tu non nugas agis.
MEN. Non edepol deliqui quicquam. **MAT.** Em rursum nunc nugas agis.
MEN. Dic, mea uxor, quid tibi aegre est? **PEN.** Bellus blanditur tibi.
MEN. Potin ut mihi molestus ne sis? num te appello? **MAT.** Aufer manum.
PEN. Sic datur. properato absente me comesse prandium, post ante aedis cum corona me derideto ebrius.

MEN. Neque edepol ego prandi neque hodie huc intro tetuli pedem.
PEN. Tun negas? **MEN.** Nego hercle vero. **PEN.** Nihil hoc homine audacius.
non ego te modo hic ante aedis cum corona florea
vidi astare? quom negabas mi esse sanum sinciput,
et negabas me novisse, peregrinum aibas esse te?
MEN. Quin ut dudum divorti abs te, redeo nunc demum domum.
PEN. Novi ego te. non mihi censebas esse, qui te ulciscerer.
omnia hercle uxori dixi. **MEN.** Quid dixisti? **PEN.** Nescio,
eam ipsus roga. **MEN.** Quid hoc est, uxor? quidnam hic narravit tibi?
quid id est? quid taces? quin dicis quid sit? **MAT.** Quasi tu nescias.

[palla mi est domo surrepta. **MEN.** Palla surrepta est tibi?]
MAT. Me rogas? **MEN.** Pol haud rogem te, si sciam. **PEN.** O hominem
malum,
ut dissimulat. non potes celare: rem novit probe.
omnia hercle ego edictavi. **MEN.** Quid id est? **MAT.** Quando nil pudet
neque vis tua voluntate ipse profiteri, audi atque ades.
et quid tristis <sim> et quid hic mihi dixerit, faxo scias.
palla mi est domo surrupta. **MEN.** Palla surruptast mihi?
PEN. Viden ut <te> scelestus captat? huic surruptast, non tibi.
nam profecto tibi surrupta si esset -- salva non foret.
MEN. Nil mihi tecum est. sed tu quid ais? **MAT.** Palla, inquam, periit domo.
MEN. Quis eam surrupuit? **MAT.** Pol istuc ille scit qui illam abstulit.
MEN. Quis is homo est? **MAT.** Menaechmus quidam. **MEN.** Edepol factum
nequiter.
quis is Menaechmust? **MAT.** Tu istic,
inquam. **MEN.** Egone? **MAT.** Tu. **MEN.** Quis arguit?
MAT. Egomet. **PEN.** Et ego. atque huic amicae detulisti Erotio.
MEN. Egon dedi? **MAT.** Tu, tu istic, inquam. vin adferri noctuam,
quae 'tu tu' usque dicat tibi? nam nos iam defessi sumus.
[**MEN.** Per Iovem deosque omnis adiuro, uxor (satin hoc est tibi?)
non dedisse. **MAT.** Immo hercle vero, nos non falsum dicere.]
MEN. Sed ego illam non condonavi, sed sic utendam dedi.
MAT. Equidem ecastor tuam nec chlamydem do foras nec pallium
cuiquam utendum. mulierem aequom est vestimentum muliebre
dare foras, virum virile. quin refers pallam domum?
MEN. Ego faxo referetur. **MAT.** Ex re tua, ut opinor, feceris;
nam domum numquam introibis, nisi feres pallam simul.
eo domum. **PEN.** Quid mihi futurum est, qui tibi hanc operam dedi?
MAT. Opera reddetur, quando quid tibi erit surruptum domo.
PEN. Id quidem edepol numquam erit, nam nihil est quod perdam domi.
cum viro cum uxore di vos perdant. properabo ad forum,
nam ex hac familia me plane excidisse intellego.
MEN. Male mi uxor sese fecisse censet, quom exclusit foras;

quasi non habeam, quo intromittar, alium meliorem locum.
si tibi displiceo, patiundum: at placuero huic Erotio,
quae me non excludet ab se, sed apud se occludet domi.
nunc ibo, orabo ut mihi pallam reddat, quam dudum dedi;
aliam illi redimam meliorem. heus, ecquis hic est ianitor?
aperite atque Erotium aliquis evocate ante ostium.

IV.iii

EROTIVM Quis hic me quaerit? **MEN.** Sibi inimicus magis quam aetati tuae.
ER. Mi Menaechme, cur ante aedis astas? sequere intro. **MEN.** Mane.
scin quid est quod ego ad te venio? **ER.** Scio, ut tibi ex me sit volup.
MEN. Immo edepol pallam illam, amabo te, quam tibi dudum dedi,
mihi eam redde. uxor rescivit rem omnem, ut factum est, ordine.
ego tibi redimam bis tanto pluris pallam, quam voles.
ER. Tibi dedi equidem illam, ad phrygionem ut ferres, paulo prius,
et illud spinter, ut ad aurificem ferres, ut fieret novom.
MEN. Mihi tu ut dederis pallam et spinter? numquam factum reperies.
nam ego quidem postquam illam dudum tibi dedi atque abii ad forum,
nunc redeo, nunc te postillac video. **ER.** Video quam rem agis.
quia commisi, ut me defrudes, ad eam rem adfectas viam.
MEN. Neque edepol te defrudandi causa posco (quin tibi
dico uxorem rescivisse) --**ER.** Nec te ultro oravi ut dares:
tute ultro ad me detulisti, dedisti eam dono mihi;
eandem nunc reposcis: patiar. tibi habe, aufer, utere
vel tu vel tua uxor, vel etiam in loculos compingite.
tu huc post hunc diem pedem intro non feres, ne frustra sis;
quando tu me bene merentem tibi habes despicatui,
nisi feres argentum, frustra me ductare non potes.
aliam posthac invenito quam habeas frustratui.
MEN. Nimis iracunde hercle tandem. heus tu, tibi dico, mane,
redi. etiamne astas? etiam audes mea revorti gratia?
abiit intro, occlusit aedis. nunc ego sum exclusissimus:
neque domi neque apud amicam mihi iam quicquam creditur.
ibo et consulam hanc rem amicos, quid faciendum censeant.

ACTVS V

MENAECHMVS Nimis stulte dudum feci, quom marsuppium
Messenioni cum argento concredidi.
immersit aliquo sese, credo, in ganeum.
Provisam quam mox vir meus redeat domum.
sed eccum video. salva sum, pallam refert.
MEN. Demiror ubi nunc ambulet Messenio.

MAT. Adibo atque hominem accipiam quibus dictis meret.
non te pudet prodire in conspectum meum,
flagitium hominis, cum istoc ornatu? **MEN.** Quid est?
quae te res agitat, mulier? **MAT.** Etiamne, impudens,
muttire verbum unum audes aut mecum loqui?
MEN. Quid tandem admisi in me, ut loqui non audeam?
MAT. Rogas me? <o> hominis impudentem audaciam!
MEN. Non tu scis, mulier, Hecubam quapropter canem
Graii esse praedicabant? **MAT.** Non equidem scio.
MEN. Quia idem faciebat Hecuba quod tu nunc facis:
omnia mala ingerebat, quemquem aspexerat.
itaque adeo iure coepta appellari est canes.
MAT. Non ego istaec <tua> flagitia possum perpeti.
nam med aetatem viduam esse mavelim,
quam istaec flagitia tua pati quae tu facis.
MEN. Quid id ad me, tu te nuptam possis perpeti
an sis abitura a tuo viro? an mos hic ita est,
peregrino ut advenienti narrent fabulas?
MAT. Quas fabulas? non, inquam, patiar praeterhac,
quin vidua vivam quam tuos mores perferam.
MEN. Mea quidem hercle causa vidua vivito,
vel usque dum regnum optinebit Iuppiter.
MAT. At mihi negabas dudum surrupuisse te,
nunc eandem ante oculos attines: non te pudet?
MEN. Eu hercle, mulier, multum et audax et mala es.
tun tibi hanc surreptam dicere audes, quam mihi
dedit alia mulier ut concinnandam darem?
MAT. Ne istuc mecastor -- siam patrem accersam meum
atque ei narrabo tua flagitia quae facis.
ei, Deceo, quaere meum patrem, tecum simul
ut veniat ad me: ita rem esse dicito.
iam ego aperiam istaec tua flagitia. **MEN.** Sanan es?
quae mea flagitia? **MAT.** Pallam atque aurum meum
domo suppilas tuae uxori et tuae
degeris amicae. satin haec recte fabulor?
MEN. Quaeso hercle, mulier, si scis, monstra quod bibam,
tuam qui possim perpeti petulantiam.
quem tu hominem<esse me> arbitrere, nescio;
ego te simitu novi cum Porthaone.
MAT. Si me derides, at pol illum non potes,
patrem meum, qui huc advenit. quin respicis?
novistin tu illum? **MEN.** Novi cum Calcha simul:
eodem die illum vidi quo te ante hunc diem.
MAT. Negas novisse me? negas patrem meum?

MEN. Idem hercle dicam, si avom vis adducere.
MAT. Ecastor pariter hoc atque alias res soles.

V.ii

SENEX Vt aetas mea est atque ut hoc usus facto est
gradum proferam, progrediri properabo.
sed id quam mihi facile sit, haud sum falsus.
nam pernicitas deserit: consitus sum
senectute, onustum gero corpus, vires
reliquere: ut aetas mala est; mers mala ergost.
nam res plurumas pessumas, quom advenit, fert:
quas si autumem omnis, nimis longus sermost.
sed haec res mihi in pectore et corde curaest,
quidnam hoc sit negoti, quod filia sic
repente expetit me, ut ad sese irem.
nec, quid id sit, mihi certius facit, quid
velit, quid me accersat.
verum propemodum iam scio, quid siet rei.
credo cum viro litigium natum esse aliquod.
ita istaec solent, quae viros subservire
sibi postulant, dote fretae, feroces.
et illi quoque haud abstinent saepe culpa.
verum est modus tamen, quoad pati uxorem oportet;
nec pol filia umquam patrem accersit ad se,
nisi aut quid commissi aut iurgi est <iusta> causa.
sed id quidquid est, iam sciam. atque eccam eampse
ante aedis et eius virum tristem video.
id est quod suspicabar.
appellabo hanc. **MAT.** Ibo advorsum. salve multum, mi pater.
SEN. Salva sis. salven advenio? salven accersi iubes?
quid tu tristis es? quid ille autem abs te iratus destitit?
nescio quid vos velitati estis inter vos duos.
loquere, uter meruistis culpam? paucis, non longos logos.
MAT. Nusquam equidem quicquam deliqui: hoc primum te absolvo, pater.
verum vivere hic non possum neque durare ullo modo.
proin tu me hinc abducas. **SEN.** Quid istuc autem est? **MAT.** Ludibrio, pater,
habeor. **SEN.** Vnde? **MAT.** Ab illo, quoi me mandavisti, meo viro.
SEN. Ecce autem litigium. quotiens tandem edixi tibi,
ut caveres, neuter ad me iretis cum querimonia?
MAT. Qui ego istuc, mi pater, cavere possum? **SEN.** Men interrogas?
MAT. Nisi non vis. **SEN.** Quotiens monstravi tibi, viro ut morem geras, -
quid ille faciat, ne id observes, quo eat, quid rerum gerat.
MAT. At enim ille hinc amat meretricem ex proxumo. **SEN.** Sane sapit,

atque ob istanc industriam etiam faxo amabit amplius.
MAT. Atque ibi potat. **SEN.** Tua quidem ille causa potabit minus,
si illic sive alibi libebit? quae haec, malum, impudentiast?
una opera prohibere, ad cenam ne promittat, postules,
neve quemquam accipiat alienum apud se. serviren tibi
postulas viros? dare una opera pensum postules,
inter ancillas sedere iubeas, lanam carere.
MAT. Non equidem mihi te advocatum, pater, adduxi, sed viro.
hinc stas, illim causam dicis. **SEN.** Si ille quid deliquerit,
multo tanto illum accusabo, quam te accusavi, amplius.
quando te auratam et vestitam bene habet, ancillas penum
recte praehibet, melius sanam est, mulier, mentem sumere.
MAT. At ille suppilat mihi aurum et pallas ex arcis domo,
me despoliat, mea ornamenta clam ad meretrices degerit.
SEN. Male facit, si istuc facit; si non facit, tu male facis,
quae insontem insimules. **MAT.** Quin etiam nunc habet pallam, pater,
<et>spinter, quod ad hanc detulerat, nunc, quia rescivi, refert.
SEN. Iam ego ex hoc, ut factumst, scibo. <ibo>ad hominem atque adloquar.
dic mi istuc, Menaechme, quod vos dissertatis, ut sciam.
quid tu tristis es? quid illa autem irata abs te destitit?
MEN. Quisquis es, quidquid tibi nomen est, senex, summum Iovem
deosque do testes -- **SEN.** Qua de re aut cuius rei rerum omnium?
MEN. Me neque isti male fecisse mulieri, quae me arguit
hanc domo ab se surrupuisse atque abstulisse *** deierat.
si ego intra aedis huius umquam, ubi habitat, penetravi <pedem>,
omnium hominum exopto ut fiam miserorum miserrimus.
SEN. Sanun es, qui istuc exoptes aut neges te umquam pedem
in eas aedis intulisse ubi habitas, insanissime?
MEN. Tun, senex, ais habitare med in illisce aedibus?
SEN. Tun negas? **MEN.** Nego hercle vero. **SEN.** Immo hercle ludere negas;
nisi quo nocte hac exmigrastis. concede huc, <mia>filia.
quid tu ais? num hinc exmigrastis? **MAT.** Quem in locum aut <quam>ob
rem, obsecro?
SEN. Non edepol scio. **MAT.** Profecto ludit te hic. non tu tenes?
SEN. Iam vero, Menaechme, satis iocatu's. nunc hanc rem gere.
MEN. Quaeso, quid mihi tecum est? unde aut quis tu homo es?
 tibi aut adeo isti, quae mihi molesta est quoquo modo?
MAT. Viden tu illi oculos virere? ut viridis exoritur colos
ex temporibus atque fronte, ut oculi scintillant, vide.
MEN. Quid mihi meliust, quam quando illi me insanire praedicant,
ego med adsimulem insanire, ut illos a me absterream?
MAT. Vt pandiculans oscitatur. quid nunc faciam, mi pater?
SEN. Concede huc, mea nata, ab istoc quam potest longissime.
MEN. Euhoe Bacche, Bromie, quo me in silvam venatum vocas?

audio, sed non abire possum ab his regionibus,
ita illa me ab laeva rabiosa femina adservat canis,
poste autem illinc hircus alus, qui saepe aetate in sua
perdidit civem innocentem falso testimonio.
SEN. Vae capiti tuo. **MEN.** Ecce, Apollo mi ex oraclo imperat,
ut ego illi oculos exuram lampadibus ardentibus.
MAT. Perii, mi pater, minatur mihi oculos exurere.
[**MEN.** Ei mihi, insanire me aiunt, ultro cum ipsi insaniunt.]
SEN. Filia, heus. **MAT.** Quid est? quid agimus? **SEN.** Quid si ego huc servos cito?
ibo, abducam qui hunc hinc tollant et domi devinciant,
prius quam turbarum quid faciat amplius. **MEN.** Enim haereo;
ni occupo aliquid mihi consilium, hi domum me ad se auferent.
pugnis me votas in huius ore quicquam parcere,
ni a meis oculis abscedat in malam magnam crucem.
faciam quod iubes, Apollo. **SEN.** Fuge domum, quantum potest,
ne hic te obtundat. **MAT.** Fugio. amabo, adserva istunc, mi pater,
ne quo hinc abeat. sumne ego mulier misera, quae illaec audio?
MEN. Haud male, <Apollo>illanc amovi; nunc hunc impurissimum,
barbatum, tremulum Tithonum, qui cluet Cygno patre,
ita mihi imperas ut ego huius membra atque ossa atque artua
comminuam illo scipione quem ipse habet. **SEN.** Dabitur malum,
me quidem si attigeris aut si propius ad me accesseris.
MEN. Faciam quod iubes; securim capiam ancipitem, atque hunc senem
osse fini dedolabo assulatim viscera.
SEN. Enim vero illud praecavendumst, atque adcurandumst mihi;
sane ego illum metuo, ut minatur, ne quid male faxit mihi.
MEN. Multa mi imperas, Apollo: nunc equos iunctos iubes
capere me indomitos, ferocis, atque in currum inscendere,
ut ego hunc proteram leonem vetulum, olentem, edentulum.
iam adstiti in currum, iam lora teneo, iam stimulus in manust.
agite equi, facitote sonitus ungularum appareat,
cursu celeri facite inflexa sit pedum pernicitas.
SEN. Mihin equis iunctis minare? **MEN.** Ecce, Apollo, denuo
me iubes facere impetum in eum qui stat atque occidere.
sed quis hic est qui me capillo hinc de curru deripit?
imperium tuom demutat atque edictum Apollinis.
SEN. Eu hercle morbum acrem ac durum *** di vostram fidem.
vel hic qui insanit, quam valuit paulo prius;
ei derepente tantus morbus incidit.
ibo atque accersam medicum iam quantum potest.

V.iii

MEN. Iamne isti abierunt, quaeso, ex conspectu meo,
qui me vi cogunt, ut validus insaniam?
quid cesso abire ad navem, dum salvo licet?
vosque omnis quaeso, si senex revenerit,   -
ne me indicetis qua platea hinc aufugerim.
SENEX Lumbi sedendo, oculi spectando dolent,
manendo medicum, dum se ex opere recipiat.
odiosus tandem vix ab aegrotis venit.
ait se obligasse crus fractum Aesculapio,
Apollini autem brachium. nunc cogito,
utrum me dicam ducere medicum an fabrum.
atque eccum incedit. move formicinum gradum.

V.iv

MEDICVS quid esse illi morbi, dixeras? narra, senex.
num laruatust aut cerritus? fac sciam.
num eum veternus aut aqua intercus tenet?
SEN. Quin ea te causa duco, ut id dicas mihi
atque illum ut sanum facias. **MED.** Perfacile id quidemst.
sanum futurum, mea ego id promitto fide.
SEN. Magna cum cura ego illum curari volo.
MED. Quin suspirabo plus sescenta in die:
ita ego eum cum cura magna curabo tibi.
SEN. Atque eccum ipsum hominem. observemus, quam rem agat.

V.v

MENAECHMVS Edepol ne hic dies pervorsus atque advorsus mi optigit.
quae me clam ratus sum facere, ea omnia fecit palam
parasitus, qui me complevit flagiti et formidinis,
meus Vlixes, suo qui regi tantum concivit mali.
quem ego hominem, siquidem vivo, vita evolvam sua
sed ego stultus sum, qui illius esse dico, quae meast:
meo cibo et sumptu educatust. anima privabo virum.
condigne autem haec meretrix fecit, ut mos est meretricius:
quia rogo, palla ut referatur rursum ad uxorem meam,
mihi se ait dedisse. eu edepol ne ego homo vivo miser.
SEN. Audin quae loquitur? **MED.** Se miserum praedicat. **SEN.** Adeas velim.
MED. Salvos sis, Menaechme. quaeso, cur apertas brachium?
non tu scis, quantum isti morbo nunc tuo facias mali?
MEN. Quin tu te suspendis? **SEN.** Ecquid sentis? **MED.** Quidni sentiam?

non potest haec res ellebori iungere optinerier.
sed quid ais, Menaechme? **MEN.** Quid vis? **MED.** Dic mihi hoc quod te rogo:
album an atrum vinum potas? **MEN.** Quin tu is in malam crucem?
MED. Iam hercle occeptat insanire primulum. *** **MEN.** Quin tu me interrogas,
purpureum panem an puniceum soleam ego esse an luteum?
soleamne esse avis squamosas, piscis pennatos? **SEN.** Papae,
audin tu ut deliramenta loquitur? quid cessas dare   -
potionis aliquid prius quam percipit insania?
MED. Mane modo, etiam percontabor alia. **SEN.** Occidis fabulans.
MED. Dic mihi hoc: solent tibi umquam oculi duri fieri?
MEN. Quid? tu me lucustam censes esse, homo ignavissime?
MED. Dic mihi: en umquam intestina tibi crepant, quod sentias?
MEN. Vbi satur sum, nulla crepitant; quando esurio, tum crepant.
MED. Hoc quidem edepol hau pro insano verbum respondit mihi.
perdormiscin usque ad lucem? facilen tu dormis cubans?
MEN. Perdormisco, si resolvi argentum cui debeo--
qui te Iuppiter dique omnes, percontator, perduint.
MED. Nunc homo insanire occeptat: de illis verbis cave tibi.
SEN. Immo Nestor nunc quidem est de verbis, praeut dudum fuit;
nam dudum uxorem suam esse aiebat rabiosam canem.
MEN. Quid, ego? **SEN.** Dixti insanus, inquam. **MEN.** Egone? **SEN.** Tu istic, qui mihi
etiam me iunctis quadrigis minitatu's prosternere.
egomet haec te vidi facere, egomet haec ted arguo.   -
MEN. At ego te sacram coronam surrupuisse Iovi scio,
et ob eam rem in carcerem ted esse compactum scio,
et postquam es emissus, caesum virgis sub furca scio;
tum patrem occidisse et matrem vendidisse etiam scio.
satin haec pro sano male dicta male dictis respondeo?
SEN. Obsecro hercle, medice, propere, quidquid facturu's, face.
non vides hominem insanire? **MED.** Scin quid facias optimum est?
ad me face uti deferatur. **SEN.** Itane censes? **MED.** Quippini?
ibi meo arbitratu potero curare hominem. **SEN.** Age ut lubet.
MED. Elleborum potabis faxo aliquos viginti dies.
MEN. At ego te pendentem fodiam stimulis triginta dies.
MED. I, arcesse homines, qui illunc ad me deferant. **SEN.** Quot sunt satis?
MED. Proinde ut insanire video, quattuor, nihilo minus.
SEN. Iam hic erunt. asserva tu istunc, medice. **MED.** Immo ibo domum,
ut parentur quibus paratis opus est. tu servos iube
hunc ad me ferant. **SEN.** Iam ego illic faxo erit. **MED.** Abeo. **SEN.** Vale.
MEN. Abiit socerus, abiit medicus. [nunc] solus sum. pro Iuppiter,
quid illuc est quod med hisce homines insanire praedicant?
nam equidem, postquam gnatus sum, numquam aegrotavi unum diem,

neque ego insanio neque pugnas neque ego litis coepio.
salvus salvos alios video, novi homines, adloquor.
an illi perperam insanire me aiunt, ipsi insaniunt?
quid ego nunc faciam? domum ire cupio: uxor non sinit;
huc autem nemo intromittit. nimis proventum est nequiter.
hic ero usque: ad noctem saltem, credo, intromittar domum.

V.vi

MESSENIO Spectamen bono servo id est, qui rem erilem
procurat, videt, collocat cogitatque,
ut absente ero rem eri diligenter
tutetur, quam si ipse adsit aut rectius.
tergum quam gulam, crura quam ventrem oportet
potiora esse, cui cor modeste situmst.
recordetur id, qui nihili sunt, quid eis preti
detur ab suis eris, ignavis, improbis viris:
verbera compedes
molae, [magna] lassitudo fames frigus durum,
haec pretia sunt ignaviae.
id ego male malum metuo: propterea bonum esse certumst potius quam malum;
nam magis multo patior facilius verba: verbera ego odi,
nimioque edo lubentius molitum, quam molitum praehibeo.
propterea eri imperium exsequor, bene et sedate servo id;
atque mihi id prodest.
alii ita ut in rem esse ducunt, sint: ego ita ero ut me esse oportet;
metum mihi adhibeam, culpam abstineam, ero ut omnibus in locis sim praesto:
[servi, qui cum culpa carent metuont, solent esse eris utibiles.
nam illi, qui nil metuont, postquam malum promeriti, tunc ei metuont.]
metuam haud multum. prope est quando erus ob facta pretium exsolvet.
<eo>ego exemplo servio, tergi ut in rem esse arbitror.
postquam in tabernam vasa et servos conlocavi, ut iusserat,
ita venio adversum. nunc foris pultabo, adesse ut me sciat,
 neque virum ex hoc saltu damni salvom ut educam foras.
sed metuo, ne sero veniam depugnato proelio.

V.vii

SENEX Per ego vobis deos atque homines dico, ut imperium meum
sapienter habeatis curae, quae imperavi atque impero:
facite illic homo iam in medicinam ablatus sublimen siet,
nisi quidem vos vostra crura aut latera nihili penditis.

cave quisquam, quod illic minitetur, vostrum flocci fecerit.
quid statis? quid dubitatis? iam sublimen raptum oportuit.
ego ibo ad medicum: praesto ero illi, cum venietis. **MEN.** Occidi,
quid hoc est negoti? quid illisce homines ad me currunt, opsecro?
quid voltis vos? quid quaeritatis? quid me circumsistitis?
quo rapitis me? quo fertis me? perii, opsecro vestram fidem,
Epidamnienses, subvenite, cives. quin me mittitis?
MESS. Pro di immortales, obsecro, quid ego oculis aspicio meis?
erum meum indignissime nescio qui sublimen ferunt.
MEN. Ecquis suppetias mihi audet ferre? **MESS.** Ego, ere, audacissime.
o facinus indignum et malum, Epidamnii cives, erum
meum hic in pacato oppido luci deripier in via,
qui liber ad vos venerit. mittite istunc.
MEN. Obsecro te, quisquis es, operam mihi ut des,
neu sinas in me insignite fieri tantam iniuriam.
MESS. Immo et operam dabo et defendam et subvenibo sedulo.
numquam te patiar perire, me perirest aequius.
eripe oculum isti, ab umero qui tenet, ere, te obsecro.
hisce ego iam sementem in ore faciam pugnosque obseram.
maximo hodie malo hercle vostro istunc fertis. mittite.
MEN. Teneo ego huic oculum. **MESS.** Face ut oculi locus in capite appareat.
vos scelesti, vos rapacis, vos praedones. **LORARII** Periimus.
obsecro hercle. **MESS.** Mittite ergo. **MEN.** Quid me vobis tactiost?
pecte pugnis. **MESS.** Agite abite, fugite hinc in malam crucem.
em tibi etiam: quia postremus cedis, hoc praemi feres.
nimis bene ora commetavi atque ex mea sententia.
edepol, ere, ne tibi suppetias temperi adveni modo.
MEN. At tibi di semper, adulescens, quisquis es, faciant bene.
nam absque te esset, hodie numquam ad solem occasum viverem.
MESS. Ergo edepol, si recte facias, ere, med emittas manu.
MEN. Liberem ego te? **MESS.** Verum, quandoquidem, ere, te
servavi. **MEN.** Quid est?
adulescens, erras. **MESS.** Quid, erro? **MEN.** Per Iovem adiuro patrem,
med erum tuom non esse. **MESS.** Non taces? **MEN.** Non mentior;
nec meus servos umquam tale fecit quale tu mihi.
MESS. Sic sine igitur, si tuom negas me esse, abire liberum.
MEN. Mea quidem hercle causa liber esto atque ito quo voles.
MESS. Nempe iubes? **MEN.** Iubeo hercle, si quid imperi est in te mihi.
MESS. Salve, mi patrone. cum tu liber es, Messenio,
gaudeo. credo hercle vobis. sed, patrone, te obsecro,
ne minus imperes mihi quam cum tuos servos fui.
apud ted habitabo et quando ibis, una tecum ibo domum.
MEN. Minime. **MESS.** Nunc ibo in tabernam, vasa atque argentum tibi
referam. recte est obsignatum in vidulo marsuppium

cum viatico: id tibi iam huc adferam. **MEN.** Adfer strenue.
MESS. Salvom tibi ita ut mihi dedisti reddibo. hic me mane.
MEN. Nimia mira mihi quidem hodie exorta sunt miris modis:
alii me negant eum esse qui sum, atque excludunt foras
vel ille qui se petere argentum modo, qui servom se meum
esse aiebat,<meus servator,>quem ego modo emisi manu;
is ait se mihi allaturum cum argento marsuppium:
id si attulerit, dicam ut a me abeat liber quo volet,
ne tum, quando sanus factus sit, a me argentum petat.
socer et medicus me insanire aiebant. quid sit, mira sunt.
haec nihilo esse mihi videntur setius quam somnia.
nunc ibo intro ad hanc meretricem, quamquam suscenset mihi,
si possum exorare ut pallam reddat, quam referam domum.

V.viii

MENAECHMVS(SOSICLES) Men hodie usquam convenisse te, audax, audes dicere,
postquam advorsum mi imperavi ut huc venires? **MESSENIO** Quin modo
erupui, homines quom ferebant te sublimen quattuor,
apud hasce aedis. tu clamabas deum fidem atque hominum omnium,
quom ego accurro teque eripio vi pugnando ingratiis.
ob eam rem, quia te servavi, me amisisti liberum.
cum argentum dixi me petere et vasa, tu quantum potest
praecucurristi obviam, ut quae fecisti infitias eas.
SOS. Liberum ego te iussi abire? **MESS.** Certo. **SOS.** Quin certissimumst,
mepte potius fieri servom, quam te umquam emittam manu.

V.ix

MENAECHMVS Si voltis per oculos iurare, nihilo hercle ea causa magis facietis,
MES. Pro di immortales, quid ego video? **S.** Quid vides? **MES.** Speculum tuom.
SOS. Quid negoti est? **MES.** Tuast imago. tam consimilest quam potest.
SOS. Pol profecto haud est dissimilis, meam quom formam noscito.
MEN. O adulescens, salve, qui me servavisti, quisquis es.
MESS. Adulescens, quaeso hercle eloquere tuom mihi nomen, nisi piget.
MEN. Non edepol ita promeruisti de me, ut pigeat, quae velis
<obsequi>. mihi est Menaechmo nomen. **SOS.** Immo edepol mihi.
MEN. Siculus sum Syracusanus. **SOS.** Eadem urbs et patria est mihi.
MEN. Quid ego ex te audio? **SOS.** Hoc quod res est. **MESS.** Novi
equidem hunc: erus est meus.
ego quidem huius servos sum, sed med esse huius credidi.

ego hunc censebam te esse, huic etiam exhibui negotium.
quaeso ignoscas, si quid stulte dixi atque imprudens tibi.
SOS. Delirare mihi videre: non commeministi, simul
te hodie mecum exire ex navi? **MESS.** Enim vero aequom postulas.
tu erus es: tu servom quaere. tu salveto: tu vale.
hunc ego esse aio Menaechmum. **MEN.** At ego me. **SOS.** Quae haec fabulast?
tu es Menaechmus? **MEN.** Me esse dico, Moscho prognatum patre.
SOS. Tun meo patre es prognatus? **MEN.** Immo equidem, adulescens, meo;
tuom tibi neque occupare neque praeripere postulo.
MESS. Di immortales, spem insperatam date mihi quam suspicor.
nam nisi me animus fallit, hi sunt gemini germani duo.
nam et patriam et patrem conmemorant pariter qui fuerint sibi.
sevocabo erum. Menaechme. **MEN. SOS.** Quid vis? **MESS.** Non ambos volo,
sed uter vostrorum est advectus mecum navi. **MEN.** Non ego.
SOS. At ego. **MESS.** Te volo igitur. huc concede. **SOS.** Concessi. quid est?
MESS. Illic homo aut sycophanta aut geminus est frater tuos.
nam ego hominem hominis similiorem numquam vidi alterum.
neque aqua aquae nec lacte est lactis, crede mi, usquam similius,
quam hic tui est, tuque huius autem; post eandem patriam ac patrem
memorat. meliust nos adire atque hunc percontarier.
SOS. Hercle qui tu me admonuisti recte, et habeo gratiam.
perge operam dare, obsecro hercle; liber esto, si invenis
hunc meum fratrem esse. **MESS.** Spero. **SOS.** Et ego item spero fore.
MESS. Quid ais tu? Menaechmum, opinor, te vocari dixeras.
MEN. Ita vero. **MESS.** Huic item Menaechmo nomen est. in Sicilia
te Syracusis natum esse dixti: <et>hic natust ibi.
Moschum tibi patrem fuisse dixti: huic itidem fuit.
nunc operam potestis ambo mihi dare et vobis simul.
MEN. Promeruisti ut ne quid ores quod velis, quin impetres.
tam quasi me emeris argento, liber servibo tibi.
MESS. Spes mihi est, vos inventurum fratres germanos duos
geminos, una matre natos et patre uno uno die.
MEN. Mira memoras. utinam efficere quod pollicitu's possies.
MESS. Possum. sed nunc agite uterque id quod rogabo dicite.
MEN. Vbi lubet, roga: respondebo. nil reticebo quod sciam.
MESS. Est tibi nomen Menaechmo? **MEN.** Fateor. **MESS.** Est itidem tibi?
SOS. Est. **MESS.** Patrem fuisse Moschum tibi ais? **MEN.** Ita vero. **SOS.** Et
mihi.
MESS. Esne tu Syracusanus? **MEN.** Certo. **MESS.** Quid tu? **SOS.** Quippini?
MESS. Optime usque adhuc conveniunt signa. porro operam date.
quid longissime meministi, dic mihi, in patria tua?
MEN. Cum patre ut abii Tarentum ad mercatum, postea
inter homines me deerrare a patre atque inde avehi.
SOS. Iuppiter supreme, serva me. **MESS.** Quid clamas? quin taces?

quot eras annos gnatus, quom te pater a patria avehit?
MEN. Septuennis: nam tunc dentes mihi cadebant primulum.
neque patrem umquam postilla vidi. **MESS.** Quid? vos tum patri
filii quot eratis? **MEN.** Vt nunc maxime memini, duo.
MESS. Vter eratis, tun an ille, maior? **MEN.** Aeque ambo pares.
MESS. Qui id potest? **MEN.** Gemini ambo eramus. **SOS.** Di me servatum volunt.
MESS. Si interpellas, ego tacebo potius. **SOS.** Taceo. **MESS.** Dic mihi:
uno nomine ambo eratis? **MEN.** Minime. nam mihi hoc erat,
quod nunc est, Menaechmo: illum tum vocabant Sosiclem.
SOS. Signa adgnovi, contineri quin complectar non queo.
mi germane gemine frater, salve. ego sum Sosicles.
MEN. Quo modo igitur post Menaechmo nomen est factum tibi?
SOS. Postquam ad nos renuntiatum est te *** et patrem esse mortuom,
avos noster mutavit: quod tibi nomen est, fecit mihi.
MEN. Credo ita esse factum ut dicis. sed mi hoc responde. **SOS.** Roga.   -
MEN. Quid erat nomen nostrae
matri? **SOS.** Teuximarchae. **MEN.** Convenit.
o salve, insperate multis annis post quem conspicor.
SOS. Frater, et tu, quem ego multis miseriis laboribus
usque adhuc quaesivi quemque ego esse inventum gaudeo.
MESS. Hoc erat, quod haec te meretrix huius vocabat nomine:
hunc censebat te esse, credo, quom vocat te ad prandium.
MEN. Namque edepol iussi hic mihi hodie prandium appararier,
clam meam uxorem, quoi pallam surrupui dudum domo,
eam dedi huic. **S.** Hanc, dicis, frater, pallam, quam ego habeo? **M.** <Haec east.>
quo modo haec ad te pervenit? **SOS.** Meretrix huc ad prandium
me abduxit, me sibi dedisse aiebat. prandi perbene,
potavi atque accubui scortum, pallam et aurum hoc <abstuli>.
MEN. Gaudeo edepol, si quid propter me tibi evenit boni.
nam illa quom te ad se vocabat, memet esse credidit.   -
MESS. Numquid me morare quin ego liber, ut iusti, siem?
MEN. Optimum atque aequissimum orat, frater: fac causa mea.
SOS. Liber esto. **MEN.** Quom tu es liber, gaudeo, Messenio.
MESS. Sed meliorest opus auspicio, ut liber perpetuo siem.   -
SOS. Quoniam haec evenerunt, frater, nostra ex sententia,
in patriam redeamus ambo. **MEN.** Frater, faciam, ut tu voles.
auctionem hic faciam et vendam quidquid est. nunc interim
eamus intro, frater. **SOS.** Fiat. **MESS.** Scitin quid ego vos rogo?
M. Quid? **MES.** Praeconium mi ut detis. **M.** Dabitur. **MES.** Ergo nunciam
vis conclamari auctionem fore? **MEN.** Equidem die septimi.
MESS. Auctio fiet Menaechmi mane sane septimi.
venibunt servi, supellex, fundi, aedes, omnia.

venibunt quiqui licebunt, praesenti pecunia.
venibit uxor quoque etiam, si quis emptor venerit.
vix credo tota auctione capiet quinquagesies.
nunc, spectatores, valete et nobis clare plaudite.

Also Available from JiaHu Books

Πολιτεία – 9781909669482

The Early Dialogues – Apology to Lysis – 9781909669888

Ἰλιάς – 9781909669222

Ὀδύσσεια – 9781909669260

Ἀνάβασις – 9781909669321

Μήδεια – Βάκχαι – 9781909669765

Νεφέλαι – Λυσιστράτη – 9781909669956

Ἱστορίαι – 9781909669710

De rerum natura – Lucretius

Metamorphoses – Ovid (Latin)

Satyricon - Gaius Petronius Arbiter (Latin)

Metamorphoses – Asinus Aureus (Latin)

Plays of Terence (Latin)

Complete Works of Pliny the Younger (Latin)

Philippicae (Latin)

Egils Saga (Old Norse)

Egils Saga (Icelandic)

Brennu-Njáls saga (Icelandic)

Laxdæla Saga (Icelandic)

अभिज्ञानशाकुन्तलकम्- Recognition of Sakuntala (Sanskrit) – 9781909669192

易經 – 9781909669383

春秋左氏傳 - 9781909669390

尚書 – 9781909669635

www.ingramcontent.com/pod-product-compliance
Lightning Source LLC
Chambersburg PA
CBHW031415040426
42444CB00005B/585